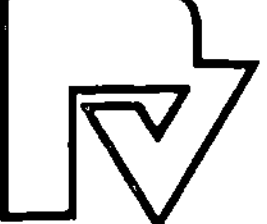

Alfred Taudes · Jan-Armin Reepmeyer
Frank Bensberg

UNIX

Einstieg für DOS-Anwender

Mit 8 Abbildungen

Physica-Verlag

Ein Unternehmen
des Springer-Verlags

Prof. Dr. Alfred Taudes
Wirtschaftsuniversität Wien, Institut für
Informationsverarbeitung und Informationswirtschaft,
Pappenheimgasse 35, A-1200 Wien, Österreich

Dr. Jan-Armin Reepmeyer
Frank Bensberg
Universität Münster, Institut für Wirtschafts- und
Sozialwissenschaften, Betriebliche Datenverarbeitung,
Universitätsstraße 14-16, D-48143 Münster

ISBN 978-3-7908-0700-4   ISBN 978-3-642-88566-2 (eBook)
DOI 10.1007/978-3-642-88566-2

Vorwort

Die Einstellung der EDV-Welt gegenüber dem Betriebssystem UNIX hat in den letzten Jahren eine erstaunliche Wendung genommen. Ursprünglich als für den kommerziellen Produktiveinsatz ungeeignetes System für Softwareentwickler, Techniker und Universitäten angesehen gilt UNIX heute als universell einsetzbares, offenes Betriebssystem für Rechner mit den verschiedensten Architekturen, Herstellern und Leistungsklassen. Die deutsche Fachzeitschrift Computerwoche etwa berichtet in der Ausgabe Nr. 15 vom 10.4.1992 in einem Artikel mit dem Titel "An UNIX kommt kein DV-Profi mehr vorbei", daß der Prozentsatz der Stellenanzeigen für EDV-Spezialisten, in denen UNIX-Kenntnisse erwähnt wurden, von 12,6% im Jahre 1987 auf 22,2% im Jahre 1991 anwuchs. Aufgrund dieser Entwicklung dürfte wohl auch gelten: "An UNIX kommt kein DV-Anwender mehr vorbei". Das vorliegende Werk soll daher den DV-Anwender beim Erwerb der zum Arbeiten in UNIX notwendigen Kenntnisse unterstützen.

Der heute typische DV-Anwender ist allerdings kein DV-Neuling, sondern er hat sich in der Regel bereits mit Personal Computern und dem dort vorherrschenden Betriebssystem DOS beschäftigt. Er hat also bereits Grundkenntnisse über die Funktionsweise von Rechnern und die Arbeit mit einem Betriebssystem, auf denen aufgebaut werden kann. Viele grundlegende Philosophien von DOS wie der hierarchische Aufbau des Dateisystems, die Batch-Programmierung, die Umleitung von Ein- und Ausgabe u.v.a.m. sind in UNIX ähnlich. Die erste Beschäftigung eines DOS-Anwenders mit UNIX sollte sich also — soweit dies möglich ist — auf die von DOS bekannten Dinge beschränken. Dadurch werden die technischen Schwierigkeiten schneller gemeistert, da sie nicht durch Verständnisschwierigkeiten über die zu lösenden Probleme überlagert werden. Die Vorstellung der UNIX-Kommandos erfolgt daher so, daß ein UNIX-unerfahrener DOS-Anwender sich unter Zuhilfenahme der aus DOS bekannten Befehle Schritt für Schritt die ersten Kenntnisse aneignet.

In einer ersten "Runde" — in Kapitel 1 — werden die UNIX-Befehle vorgestellt, die der Leser bereits aus DOS kennt und die für das Arbeiten in UNIX unbedingt notwendig sind. In einer zweiten "Runde" — in Kapitel 2 — werden dann die wichtigsten darüber hinausgehenden Möglichkeiten in UNIX dargestellt und die anfangs bewußt in Kauf genommene mangelnde Tiefe in der Darstellung einiger Befehle nachgearbeitet. Wenn das Betriebssystem UNIX dem Benutzer einigermaßen vertraut ist, ist die Basis für die Behandlung einiger weitergehender Kommandos vorhanden — Kapitel 3 —. Generell werden dabei entsprechend dem Titel des vorliegenden Werkes lediglich ein Teil der UNIX-Befehle und deren aus Anwendersicht wichtigste Ausprägungen besprochen. Für tiefergehende Fragestellungen ist daher das Studium der Handbücher notwendig. Ebenso wird auf weiterführende UNIX-Literatur im jeweiligen Kontext verwiesen.

Die einzelnen Schritte der vorliegenden UNIX-Einführung sollten möglichst unmittelbar an einem Terminal ausprobiert werden, da alle Anwendungsbeispiele und Übungen so konzipiert sind, daß sich der Leser Schritt für Schritt seine Übungsobjekte selbst erzeugt. Als Referenz-UNIX dient dabei Generics UNIX, die deutsche Implementierung des AT&T UNIX System V 4.0. UNIX System V wurde als Referenzsystem ausgewählt, da dieses System weltweit am meisten verbreitet ist; laut Computerwoche Nr. 33 vom 14. 8. 1992 hält UNIX System V bei den Installationen einen Marktanteil von 53%. Die deutsche Implementierung Generics UNIX bietet dem Leser dieses Buches darüber hinaus den Vorteil, daß der Großteil der Systemmeldungen in deutscher Sprache erscheint, so daß der Lernprozeß nicht durch sprachliche Barrieren behindert wird. Bei den Kommandos, bei denen englischsprachige Ausgaben erscheinen, wurde eine geeignete Übersetzung gewählt. Die Übungsbeispiele wurden aber auch mit AIX, HP-UX, SunOS und ULTRIX in verschiedenen Versionen ausprobiert und sollten in ähnlicher Form auch unter diesen UNIX-Varianten funktionieren. Wo dies nicht der Fall ist und dies den Autoren bekannt ist, ist dies im Text erwähnt.

Das von den Autoren angestrebte Ziel dieses Werkes wurde erreicht, wenn ein DOS-Anwender nach der Arbeit mit diesem Werk der Meinung ist, daß

> UNIX is not only a programmer's
> operating system,
> it is also a user's operating system.

Am Zustandekommen dieses Werkes haben Heinrich Kalde, Marie-Theres Lülff und Frauke Reepmeyer, die die Übungsbeispiele in den verschiedenen UNIX-Varianten ausprobiert haben und den Text auf Verständlichkeit durchgesehen haben, und Klaus Wilting, der die Überarbeitung des Satzes in LaTeX vorgenommen hat, wesentlichen Anteil. Für Fehler, die sich noch im Text finden, tragen natürlich die Autoren die alleinige Verantwortung.

A. Taudes
J.-A. Reepmeyer
F. Bensberg

Münster, im März 1993

Inhaltsverzeichnis

Abbildungsverzeichnis

Kapitel 1

Erste Schritte in UNIX

1.1 UNIX als Betriebssystem

Unter einem *Betriebssystem*[1] versteht man eine Programmsammlung, die den Zugriff der Anwendungsprogramme auf die *Hardware* des zugrundeliegenden Computers regelt. Das Betriebssystem übernimmt somit bei der Ausführung von durch Systemkommandos beschriebenen *Benutzeraufträgen* an das Computersystem die gesamte Verwaltung der Betriebsmittel der Rechnerumgebung. Wenn beispielsweise ein Anwendungsprogramm eine *Datei* lesen möchte, teilt es dies dem Betriebssystem über entsprechende Programmaufrufe mit. Das Betriebssystem veranlaßt dann den Zugriff auf den Datenträger und liefert dem Programm die angeforderten Daten. Ähnlich geschieht dies auch bei der Arbeit mit anderen Systemressourcen, wie beispielsweise dem Bildschirm, der Tastatur und dem *Hauptspeicher*. Betriebssysteme können anhand mehrerer Merkmale klassifiziert werden:

- Anzahl der "gleichzeitig" bearbeiteten Programme

  Ein *Single-Tasking-Betriebssystem* zeichnet sich dadurch aus, daß einzelne Benutzeraufträge nacheinander bearbeitet werden und jeweils nur ein Programm im Hauptspeicher geladen ist und ausgeführt wird. Der Übergang zu einem anderen Programm hat die Beendigung des Vorgängerprogramms und i.d.R. das Nachladen des neuen Programms in den Hauptspeicher zur Folge. Ein *Multi-*

---

[1] *Kursiv* gedruckte Begriffe sind im Glossar am Buchende erläutert.

Tasking-Betriebssystem kann dagegen mehrere Programme parallel in Segmenten des Hauptspeichers geladen halten und mehrere Benutzeraufträge (*Tasks*) scheinbar gleichzeitig bearbeiten.

- Anzahl der "gleichzeitig" bearbeiteten Benutzer

  Ein *Single-User-Betriebssystem* bedient den — einzigen — Benutzer am Computer, ohne ihn erst identifizieren und von anderen Benutzern unterscheiden zu müssen. Ein *Multi-User-Betriebssystem* hat hingegen mehrere Benutzer zu verwalten, die zur selben Zeit an verschiedenen *Bildschirmendgeräten* wie z.B. *Terminals* oder *PCs* , die durch Ausführen eines sogenannten *Terminalemulationsprogramms* wie ein Terminal funktionieren, am selben Computersystem arbeiten. Dazu müssen die Benutzer identifiziert werden, und die von ihnen angeforderten Arbeiten müssen vom System stets mit den ihnen eingeräumten Rechten abgeglichen werden. Ein Multi-User-Betriebssystem ist automatisch auch ein Multi-Tasking-Betriebssystem, da hier jedenfalls mehrere Programme von verschiedenen Benutzern "gleichzeitig" ausgeführt werden.

- Art der Hauptspeicheradressierung

  Wenn der Hauptspeicher bei einem System mit "realer" Speicherverwaltung für ein Programm und seine Daten nicht mehr ausreicht, muß dessen Ausführung abgebrochen werden. Bei *virtueller Speicherverwaltung* wird ein Teil der Magnetplattenkapazität genutzt, um Teile des Hauptspeichers auf die Platte auszulagern. Dieser Vorgang wird *Paging* genannt. Dadurch wird dem Benutzer ein großer — virtueller — Hauptspeicher "vorgegaukelt".

Der Aufbau des Betriebssystems und seiner Programme richtet sich nach den Konzepten, die mit der Entwicklung des Systems verfolgt wurden. DOS ist ein Betriebsystem für das Personal Computing (PC). DOS kann nur einen Benutzer gleichzeitig verwalten, ist also ein Single-User-Betriebssystem.[2] Es kann auch nur eine Aufgabe gleichzeitig erledigen, d.h. eine neue Aufgabe erst dann beginnen, wenn die alte erledigt wurde. Es ist also ein Single-Tasking-System. In DOS Version 5.0 besteht allerdings schon die Möglichkeit eines "unechten Multi-Tasking", indem aus der DOS-Shell manuell zwischen mehreren aktiven Programmen hin- und hergeschaltet werden kann. Auch kann parallel zu ande-

---

[2]Vgl. dazu etwa [Grob, Reepmeyer 1] oder [Grob, Reepmeyer 2].

ren Kommandos, d.h. im "Hintergrund", gedruckt werden. Wegen dieser Ausrichtung stellen sich alle die Probleme wie Benutzerverwaltung, Zugriffsregelung, Verwaltung mehrerer gleichzeitig aktiver Programme u.dgl.m. nicht. Außerdem verwaltet DOS den Hauptspeicher real.

UNIX hingegen wurde von Anfang an als Multi-User-Betriebssystem entworfen. Es ist also gleichzeitig ein Multi-Tasking-Betriebssystem. Damit gehören Dinge wie die Identifikation der Benutzer, das Beachten von Zugriffsrechten und die Kontrolle mehrerer gleichzeitig aktiver Programme zur typischen Arbeit in UNIX. Auch wenn ein Benutzer als einziger an einem Rechner in UNIX arbeitet, hat er diese Gegebenheiten zu berücksichtigen. Die Tatsache, daß UNIX seinen Hauptspeicher virtuell verwaltet, ist für den gewöhnlichen Benutzer ohne Belang. Er hat dadurch aber stets einen sehr großen Hauptspeicher zur Verfügung und braucht sich um die für DOS-Systeme typischen Probleme mit dem Hauptspeicherplatz nicht zu kümmern.

Die zentralen Vorteile von UNIX gegenüber anderen Betriebssystemen beruhen auf den folgenden Eigenschaften:

- Portierbarkeit

  Wie Abbildung 1.1 aus [Hansen] zeigt, besteht UNIX aus mehreren Schichten, wobei der Großteil der Programme in den oberen drei Schichten, die 90–95% des Systemumfangs ausmachen, in der höheren *Programmiersprache C* realisiert ist. Auch der die grundlegenden Steuerprogramme umfassende UNIX-Kern besteht je nach System aus ca. 10–20 000 Zeilen C-Code und 1–2 000 Zeilen *Assembler*, der die speziellen Hardwareeigenschaften eines Computersystems berücksichtigt. UNIX ist damit untrennbar mit C verbunden. Die Programmiersprache C als Grundlage bietet eine höhere Maschinenunabhängigkeit und damit eine höhere Portabilität. UNIX kann daher relativ einfach auf neuen Computersystemen lauffähig gemacht, also "portiert" werden. Für eine Portierung auf eine neue Hardware muß der in Assembler geschriebene Teil der Programme an diese neue Hardware angepaßt werden sowie ein *C-Compiler* für die neue Hardware entwickelt werden. Anwendungssoftware, die in C geschrieben wurde, ist ebenfalls leicht zwischen verschiedenen UNIX-Plattformen portierbar. Näheres dazu findet der tiefer interessierte Leser in Kapitel 4.

- Skalierbarkeit

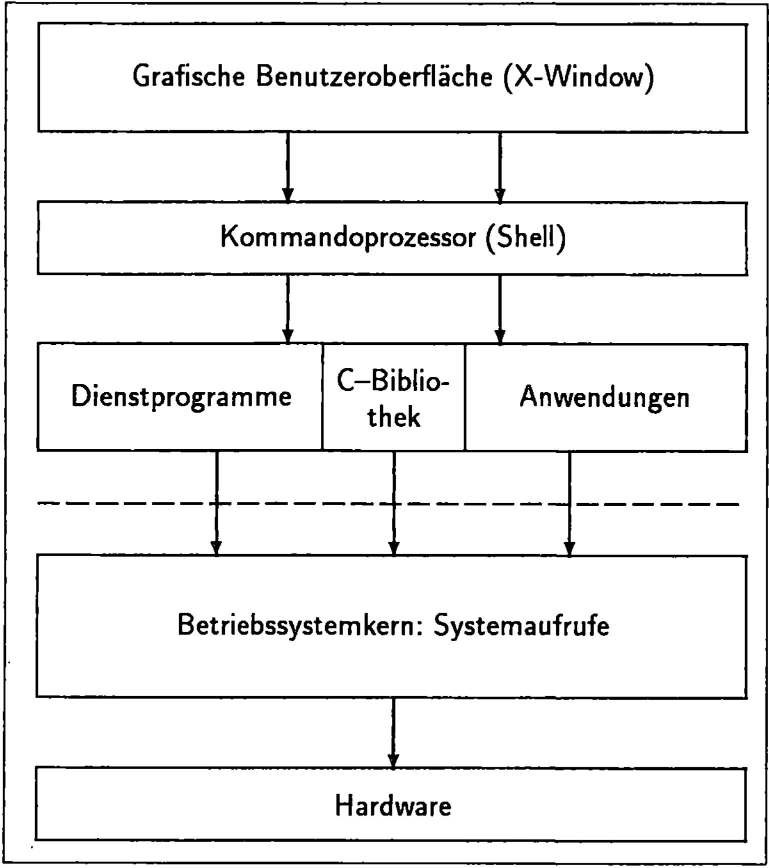

Abbildung 1.1: Aufbau von UNIX

Das System kann auf Rechnern der unterschiedlichsten Leistungs-klassen eingesetzt werden. UNIX wird von jedem bedeutenden Rech-nerhersteller für ein breites Leistungsspektrum von Maschinen an-geboten, vom PC und Laptop bis hin zum Großrechner und Super-computer.

- Zusammenarbeit mit anderen Systemen (Interoperabilität)

UNIX hat in der derzeit aktuellsten Version eine Reihe von Möglich-keiten zur Kommunikation von mehreren Rechnern als Systembe-standteile integriert. Damit ist die Zusammenarbeit von Rechnern in UNIX stark vereinfacht. Näheres zu den entsprechenden Kom-mandos findet sich in in Abschnitt 3.3; eine kurze Einführung in die Normierung als Basis der Interoperabilität findet sich in Kapitel 4.

1.2 Hinweise zur Arbeit

In diesem Abschnitt werden die Systemkommandos vorgestellt, mit denen man sich einerseits unabdingbar beschäftigen muß, wenn man in UNIX arbeiten will, und die bereits andererseits durch die Arbeit in DOS bekannt sind. Die beschriebenen Kommandos sollten ummittelbar an einem Terminal eingegeben werden, um ihre Funktion auszuprobieren. Dadurch wird schrittweise eine eigene Übungsumgebung aufgebaut, auf die sich die jeweils nachfolgenden Übungen stets beziehen. Außerdem sollte nicht versäumt werden, bereits erlernte Kommandos ständig zu wiederholen. Diesem Zweck dient der Übungsblock am Ende des jeweiligen Kapitels.

Um die Arbeit am Computer möglichst nachvollziehbar im Text nachzubilden, werden die verschiedenen Ebenen der Information folgendermaßen dargestellt:

- `Ausgabe des Systems`. So sind auch Kommandos, Dateinamen und andere UNIX-Elemente, die im beschreibenden Text auftreten, gesetzt, ebenso wie DOS-Kommandos, auf die verwiesen wird. Bei einigen Kommandos wurden die Ausgaben aus Gründen der Lesbarkeit umformatiert.

- *Ihre sichtbare Eingabe in das System im konkreten Fall.*

- Taste bedeutet Druck auf die entsprechende, kein normales Zeichen darstellende Taste, z.B. RETURN . Diese Eingabe ist in der Regel nicht am Bildschirmendgerät sichtbar, ebenso wie eventuell zusätzlich gedrückte Tasten von normalen Zeichen. Leider sind die Tastenbelegungen je nach Endgerät und UNIX-Version nicht identisch. Bei Nichtvorhandensein der angegebenen Tasten bzw. bei anderer Funktionalität sei auf die konkrete Systemdokumentation verwiesen.

- Die aktuelle Position der Schreibmarke auf dem Bildschirm wird durch das Zeichen '▢' symbolisiert.

1.3 An- und Abmelden am System

Da UNIX ein Multi-User-Betriebssystem ist, ist es notwendig, daß das Betriebssystem zwischen den einzelnen Benutzern unterscheiden kann.

Aus diesem Grund wird jedem Benutzer ein Benutzername zugewiesen. Der Benutzername ist durch ein Paßwort, für das der Benutzer selbst verantwortlich zeichnet, gesichert. Der Systemadministrator vergibt an neue Benutzer einen Benutzernamen und ein Anfangs-Paßwort. Das Paßwort autorisiert den Benutzer — und nur diesen — unter seinem Benutzernamen auf das System zuzugreifen. Das jeweilige Paßwort kann als Schlüssel zum Zugriff auf die eigenen Datenbestände angesehen werden. Aus diesem Grunde ist das eigene Paßwort geheim zu halten und auf gar keinen Fall irgendwo im System zu hinterlegen oder — außer beim Anmelden am System diesem selbst — bekanntzugeben ! Der Systemadministrator trägt die Informationen über den neuen Benutzer, d.h. seinen Benutzernamen und sein Paßwort, in das System ein. Außerdem wird der neue Benutzer einer Benutzergruppe zugeteilt. Schließlich wird ihm Platz auf der Magnetplatte zugewiesen, der zu Beginn normalerweise noch leer ist. Wenn all diese Arbeiten erledigt sind, kann man über ein Bildschirmendgerät Zugriff auf das UNIX-System erhalten. In diesem Buch wird als Benutzername und als Paßwort generell "frank" verwendet. Immer wenn *frank* oder `frank` im Text erscheint, ist dies daher durch den individuellen Benutzernamen zu ersetzen.

Schaltet man das Terminal ein oder startet man ein Terminalemulationsprogramm auf dem PC, erscheint auf dem Bildschirm die folgende *Eingabeaufforderung*:

```
login: □
```

Diese Ausgabe stellt eine *Systemmeldung* dar, mit der UNIX dem Anwender mitteilt, daß es auf die Eingabe des Benutzernamens wartet. Die Eingabe des Namens ist mit der Taste RETURN abzuschließen. Wenn ein Name eingegeben wurde, erscheint eine weitere Eingabeaufforderung auf dem Bildschirm:

```
login: frank   RETURN
password: □
```

Nun verlangt das System die Eingabe des Paßworts. Zu beachten ist hierbei, daß das System bei der Eingabe des Paßworts die einzelnen Zeichen aus Sicherheitsgründen nicht auf dem Bildschirm ausgibt. Das Paßwort ist genau wie der Benutzername mit RETURN abzuschließen.

Falls der Benutzername und/oder das Paßwort nicht korrekt eingegeben wurden, beginnt der Anmeldevorgang erneut. Wenn Benutzername und Paßwort korrekt eingegeben wurden, erscheint — eventuell nach einigen Systemmeldungen — eine Eingabeaufforderung, die entweder

```
$ □
```

oder

```
% □
```

lautet. Es kann sein, daß der Systemadministrator bereits weitere Einstellungen für die Benutzer vorgenommen hat, so daß vor % oder $ noch anderere Informationen wie z.B. der Benutzername erscheinen. Für das weitere Arbeiten hat dies keine Bedeutung. In Abschnitt 2.4 werden Möglichkeiten der Veränderung der Eingabeaufforderung behandelt. Wenn eine Eingabeaufforderung erscheint, bedeutet dies, daß das Betriebssystem zum Empfang von Kommandos bereit ist. Diese Eingabeaufforderung kann als Äquivalent für den DOS-Prompt (C:>) betrachtet werden. Die Anmeldung am UNIX-Betriebssystem ist an dieser Stelle erfolgreich abgeschlossen worden.

Nun kann man als Anwender mit der Eingabe von Kommandos beginnen. Kommandos müssen mit der RETURN-Taste abgeschickt werden. Sie können vor dem Abschicken mit der Korrekturtaste geändert werden. Auf den meisten Tastaturen wird die Korrekturtaste mit ⟵ bezeichnet. Durch das Betätigen dieser Taste wird das Zeichen links vom Cursor (□) gelöscht.

Mit dem Kommando **who** etwa kann man erfahren, welche Benutzer gerade am UNIX-System arbeiten, d.h. es wird eine Liste der momentan am System angemeldeten Benutzer auf dem Bildschirm ausgegeben:

```
$ who   RETURN

root      console   Mar 4      8:31
frank     tty01     Mar 4      9:40
peter     tty04     Mar 3     10:51
anna      tty08     Mar 4     10:07
gast      tty0A     Mar 2      8:12
jobs      tty09     Mar 4     10:07
gates     tty0F     Mar 3      8:12
```

Das Aussehen dieser Liste hängt natürlich davon ab, welche Benutzer zur Zeit am System angemeldet sind. Neben den Benutzernamen in der 1. Spalte werden auch die *Terminalbezeichnungen* in der 2. Spalte und der Zeitpunkt des Anmeldens in der 3. und 4. Spalte ausgegeben.

Das Abmelden vom System geschieht mit dem Kommando `exit`. In manchen UNIX-Versionen wirken auch die Kommandos `logout` oder `logoff`; ebenso reagieren auch einige Systeme auf die Betätigung der Tastenkombination CONTROL `d`.[3]

```
$ exit
```

Damit unnötige Systembelastungen vermieden werden und keine unbefugten Benutzer Zugriff auf eigene Daten erlangen, sollte man sich vor Verlassen des Endgeräts auf jeden Fall vom System abmelden. Nach dem Abmelden erscheint — nach eventuellen Systemmeldungen — auf dem Bildschirm wieder die Anmeldeaufforderung des Systems, `login:`.

Wenn man als neuer Benutzer eines UNIX-Systems ein Paßwort zugewiesen bekommt, kann es angebracht sein, das neue Paßwort nach eigenen Vorstellungen zu ändern. Dazu meldet man sich zunächst wieder am System an.

```
login: frank
password: ☐
```

Wenn danach wieder die Eingabeaufforderung des Systems erscheint, verwendet man das Kommando `passwd` zum Ändern des Paßwortes:

```
$ passwd
```

Danach fragt das Kommando `passwd` nach dem alten Paßwort. In anderen UNIX-Varianten erfolgt dieser Dialog in Englisch bzw. mit anderslautendem Text.

```
passwd: Ändern des Kennworts für frank
Altes Kennwort: ☐
```

---

[3]Taste CONTROL gedrückt halten und gleichzeitig Taste d drücken.

Ist das alte Paßwort korrekt mitgeteilt worden, so kann das neue Paßwort eingegeben werden. Bei der Bestimmung eines neuen Paßworts sollte man folgende Konventionen beachten:

- Ein Paßwort darf nie der Anmeldename sein, weder vorwärts noch rückwärts geschrieben.

- Ein neues Paßwort muß sich vom alten in mindestens 3 Zeichen unterscheiden.

- Manche Systeme schreiben vor, daß das Paßwort eine bestimmte Länge und Struktur hat. Bei manchen Systemen müssen z.B. Paßwörter mindestens 2 Ziffern enthalten.

Die Eingabe des neuen Paßwortes wird wiederum nicht am Bildschirm angezeigt. Um Schreibfehler zu erkennen, verlangt `passwd` aus Sicherheitsgründen gleich zweimal die Eingabe des neuen Paßwortes. Auch hier gibt es Unterschiede zwischen UNIX-Derivaten im Aussehen dieses Dialogs:

```
Neues Kennwort: □

Kennwort nochmals eingeben: □
```

Nun kann man sich wieder vom System abmelden. Beim nächsten Anmeldevorgang muß dann das neue Paßwort verwendet werden, um in das System zu gelangen.

1.4 UNIX-Kommandos und Kommandoprozessoren

Im vorigen Abschnitt wurden bereits die Eingabeaufforderungen $ und % erwähnt, die erscheinen, wenn sich der Benutzer am System anmeldet. Sie zeigen an, daß das System bereit ist, Kommandos vom Benutzer zu empfangen; er befindet sich auf der "Systemebene". Die Interpretation der Kommandos und ihre Ausführung werden von *Kommandoprozessoren*, die auch als *Shells* bezeichnet werden, gesteuert und überwacht. In DOS ist der Kommandoprozessor `COMMAND.COM` vorgesehen, in den neueren Versionen auch die DOS-Shell. Die am weitesten verbreiteten Shells in der UNIX-Welt sind die *Standard-Shell*, die auch Bourne-Shell genannt wird, und die *C-Shell*. Verschiedene Shells können die Eingaben unterschiedlich verarbeiten; auch kennt nicht jede Shell alle Kommandos der anderen Shells. Eventuelle Unterschiede zwischen diesen beiden Shells werden daher bei den entsprechenden Kommandos besprochen.

Unabhängig von der verwendeten Shell besteht ein UNIX-Kommando immer aus dem *Kommandonamen* gefolgt von *Argumenten* und *Optionen*.

Argumente sind Namen für Objekte der Arbeit, die die hinter den Kommandos stehenden Programme verwenden, z.B. der Namen der Datei, die editiert werden soll. Optionen sind Kürzel, die die Art der Abarbeitung des Kommandos beeinflussen. Optionen sind auch in DOS vorgesehen. Kommandos des Betriebssystems UNIX sind i.d.R. mit einer Vielzahl von Optionen versehen. Hier werden daher nur die Grundform eines Kommandos und dessen aus Anwendersicht wichtigste und am häufigsten verwendete Optionen behandelt. Eine Option besteht i.d.R. aus einem Buchstaben; mehrere Optionen können in beliebiger Reihenfolge angegeben werden und sind zu Optionsgruppen zusammenzufassen. Diese Sequenzen beginnen mit dem Zeichen - (statt wie in DOS mit /) und sind durch mindestens ein Leerzeichen voneinander bzw. von den Argumenten getrennt. Eine Option kann auch noch durch nachfolgende, durch , getrennte Optionsargumente näher spezifiziert werden. In einem solchen Fall muß die betreffende Option die letzte einer Optionsgruppe sein. Beginnt ein Argument mit -, so ist nach dem Ende der Optionen -- einzugeben, um das Argument von einer Optionsgruppe zu unterscheiden.

Zur Notation des Aufbaus von Kommandos wird folgende Schreibweise eingesetzt:

- Alle in Normalschrift gesetzten Zeichen sind obligatorisch einzugeben; dies gilt auch für Leerzeichen. Achtung: Im Gegensatz zu DOS unterscheidet UNIX zwischen Groß- und Kleinschreibung.

- Zeichen in eckigen Klammern ([]) sind optionale Angaben, d.h. sie können, müssen aber nicht eingegeben werden.

- Zeichen zwischen Kleiner- und Größerzeichen (<>) stellen keine konstanten Eingaben dar, sondern sind Platzhalter (Variable) für Bezeichnungen von konkreten Objekten.

- ... bedeutet, daß der vorhergehende Ausdruck beliebig oft wiederholt werden kann.

- Sind Ausdrücke in geschwungene Klammern ({ }) gesetzt und durch | getrennt, so bedeutet dies, daß einer der durch | getrennten Ausdrücke angegeben werden muß.

In dieser Notation dargestellt sieht z.B. das oben vorgestellte Kommando `passwd` in seiner vollen Ausprägung wie folgt aus:

```
passwd [-s [-a]] [-l] [-d] [-f] [-n <Mintage>]
       [-x <Maxtage>] [-w <Warntage>] [<Benutzername>]
```

Dies bedeutet:

- Der Kommandoname `passwd` ist auf alle Fälle anzugeben.

- Optionen von `passwd` sind -s, -a, -l, -d, -f, -n, -x und -w, wobei bei den letzten drei Optionen zusätzliche Angaben, die Optionsargumente, zu machen sind. Die Option -a kann nur angegeben werden, wenn auch die Option -s spezifiziert ist.

- Als Argument kann ein Benutzername angegeben werden.

Gültige Kommandoausprägungen sind daher z.B. `passwd`, `passwd frank`, `passwd -sa`, `passwd -df frank`, `passwd -f 10` oder `passwd -n 10 -f`. Ungültig sind etwa `frank passwd`, `passwd -a` oder `passwd -n10f`.

Bei der Beschreibung eines Kommandos wird jeweils auf die Grundfunktion, d.h. die Funktionsweise ohne Optionen, die Bedeutung der einzelnen Optionen und Argumente und die erlaubten Werte für Platzhalter eingegangen. Da nur die aus Anwendersicht wichtigsten Optionen besprochen werden sollen, wird im folgenden oft als Vereinfachung dieser ausführlichen Notation der Optionen lediglich der Platzhalter `Optionen`, der für eine beliebige Kombination der in der Beschreibung aufgeführten Optionen des Kommandos steht, verwendet. In dieser vereinfachten Schreibweise ist dann `passwd` dargestellt als:

```
passwd [<Optionen>] [<Benutzername>]
```

Nach Eingabe eines Kommandos ermittelt die Shell aus dem Kommando den Namen des zu startenden Programms des Betriebssystems und läßt dieses interaktiv unter der Kontrolle des Benutzers ablaufen. Das bedeutet, daß das Programm sofort ausgeführt wird und die entsprechenden Meldungen des Programms bei der Ausführung am Bildschirm erscheinen. Möglichkeiten, die Ausgabe in eine Datei umzuleiten bzw. Kommandos im Hintergrund parallel zu interaktiven Kommandos auszuführen, werden später in Abschnitt 1.7 und 2.1 behandelt. Zum Beenden von Kommandos dient i.d.R. die Tastenkombination CONTROL d . Diese Tastenkombination wird auch zum Beenden der Eingabe von Kommandos verwendet. Zum vorzeitigen Abbruch von Programmen während der interaktiven Ausführung wird i.d.R. die Tastenkombination CONTROL DEL bzw. CONTROL ENTF betätigt. Einige Systeme verwenden hierzu auch CONTROL c wie in DOS. Die Ausgaben auf dem Bildschirm können i.d.R. mit CONTROL s angehalten und mit CONTROL q wieder aktiviert werden. Zur Anzeige der Tastenbelegung dient der Befehl stty -a. Bei der nach Eingabe dieses Befehls erscheinenden Liste von Einstellungen steht ^ für CONTROL, und die wichtigsten Funktionstasten sind mit folgenden Namen bezeichnet:

Taste	Funktion
nl	neue Zeile
erase	Zeichen löschen
kill	Zeile löschen
intr	Programmunterbrechung
quit	Programmabbruch
eof	Eingabeende
stop	Terminalausgabeende
start	Terminalausgabeanfang

Bei den obigen Einstellungen würde daher neben anderen Angaben als Ausgabe von stty die Angaben intr=^d, eof=^d, stop=^s und start=^q erscheinen.

Wenn nach dem Anmeldevorgang die Eingabeaufforderung erscheint, so zeigt das Dollarzeichen $ an, daß die Standard-Shell aktiv ist; das Prozentzeichen % signalisiert die C-Shell. Wenn man während einer Sitzung eine andere Shell aufrufen möchte, so kann dies durch Eingabe von sh bzw. `csh` erfolgen:

    $ *csh*
    % □

oder

    % *sh*
    $ □

Um in die ursprüngliche Shell zurückzukehren, muß die zusätzlich aufgerufene Shell mit `exit` beendet werden. Diesem Vorgang entspricht in DOS der erneute Start des Kommandoprozessors über `COMMAND` und dessen Verlassen über `EXIT`.

1.5 Das Hilfesystem

Auf den meisten UNIX-Systemen ist eine Dokumentation in Form von deutsch- oder englischsprachigen Textdateien abrufbar. Zu jedem Kommando oder anderen Schlagwörtern gibt es dabei eine Kopfzeile, in der das Schlagwort, der Verweis auf die entsprechende Kapitelnummer des Handbuchs und eine Kurzbeschreibung stehen, sowie einen längeren erläuternden Text mit Beispielen. Der Handbucheintrag zu einem Suchbegriff, das ist ein Kommando oder ein Schlagwort, kann mit dem Kommando `man` ausgegeben werden. Dazu muß aber der Suchbegriff erst bekannt sein. Um diesen zu finden, verwendet man das Kommando `apropos`, das die Kopfzeilen der Handbucheinträge nach angegebenen Stichwörtern durchsucht.

Das Kommando `apropos` hat folgenden Aufbau:

```
apropos <Stichwort> ...
```

Wenn mehrere Stichwörter angegeben werden, so wird nach jedem Wort einzeln gesucht. `apropos` unterscheidet bei der Suche nicht zwischen Groß- und Kleinschreibung und ignoriert Trennzeichen. Wenn z.B. alle Kommandos zum Stichwort `login` ermittelt werden sollen, so gibt man ein:

```
$ apropos login

cuserid (3S)      - Login-Namen des Benutzers als
                    Zeichenkette
getlogin (3C)     - Login-Namen abfragen
keylogin (1)      - entschluesselt und speichert private
                    Schluessel
keylogin (1)      - geheimen Schluessel entschluesseln
                    und speichern
last (1)          - letzten Benutzer- oder Terminal-Login
                    anzeigen
listusers (1)     - Benutzer-Login-Information anzeigen
login (1)         - anmelden
login (4)         - Datei fuer Login-Standardwerte
loginlog (4)      - Protokoll von fehlgeschlagenen
                    LOGIN-Versuchen
logins (1M)       - zeigt Informationen ueber Benutzer- und
                    Systemanmeldungen an
logname (1)       - Login-Namen abfragen
netrc (4)         - Datei fuer ftp Fern-Login Daten
passwd (1)        - Login-Passwort und Passwortattribute
                    veraendern
relogin (1M)      - Login-Eintrag zur Anzeige des aktuellen
                    Shell-Fensters umbenennen
...
```

Der komplette Handbucheintrag zu einem Suchbegriff kann mit dem Kommando man ausgegeben werden. Es hat folgenden Aufbau:

```
man [<Optionen>] [<Kapitelnummer>] <Suchbegriff> ...
```

Das Argument Suchbegriff gibt dabei das Schlagwort oder Kommando an, über das Informationen gewünscht werden. Die Suche kann durch die Angabe der Kapitelnummer im Argument Kapitelnummer eingeschränkt werden, wobei sich die meisten für den Anwender relevanten Befehle in Kapitel 1 befinden.

Um etwa den Handbucheintrag für das Kommando login zu erhalten, kann man folgendes Kommando eingeben:

```
$ man login
```

```
10/89                                              Seite 1

login(1)         UNIX System V(Grundpaket)          login(1)


BEZEICHNUNG
login - anmelden
...
```

Die Ausgabe des i.d.R. längeren Textes am Bildschirm kann, wie oben erwähnt, durch die Tastenkombination CONTROL s angehalten und durch die Tastenkombination CONTROL q wieder aktiviert werden, wenn nicht bereits das man-Kommando von sich aus nach jeder Seite anhält, um erst nach Betätigen der Leertaste die nächste Seite anzuzeigen oder beim Drücken der Taste q die Anzeige ganz abzubrechen.

1.6 Einfaches Arbeiten mit Dateien

1.6.1 Dateinamenskonventionen

Die hierarchische Konzeption des UNIX-Dateisystems findet sich auch im DOS. Allerdings unterscheidet sich das UNIX-Dateisystem von DOS in einigen Punkten. UNIX erlaubt dem Anwender die Vergabe von Dateinamen, die meist bis zu 14 Zeichen lang sein dürfen. Die maximal erlaubte Länge eines Dateinamens hängt von der jeweils verfügbaren UNIX-Version ab. Im Gegensatz zum Betriebssystem DOS, welches den Dateinamen in einen Hauptnamen mit bis zu 8 Zeichen und eine Erweiterung mit bis zu 3 Zeichen gliedert, sind Dateinamen in UNIX frei strukturierbar. Auch die Erweiterung der Namen von Programmen mit den Kürzeln .EXE und .COM ist in UNIX nicht notwendig. Programmdateien werden von UNIX anhand von speziellen Statusinformationen erkannt, die im Abschnitt 2.2.1 gesondert besprochen werden.

Bei der Auswahl von Dateinamen sollten folgende Eigenschaften des UNIX-Dateisystems beachtet werden:

- Das UNIX-Dateisystem unterscheidet im Gegensatz zu DOS zwischen Groß- und Kleinschreibung. Die beiden Dateinamen ABC und ABc bezeichnen also in UNIX zwei unterschiedliche Dateien.

- Folgende Zeichen sollte man als UNIX-Anwender nicht in Dateinamen verwenden:

  `? @ # $ ^ & * ( ) ' [ ] \ | ' " < >`

  sowie keine Leerzeichen und Tabulatorzeichen, da diese für die Shells spezielle Bedeutungen haben.

- Innerhalb von Dateinamen dient der normale Schrägstrich / und nicht der Gegenschrägstrich \ wie in DOS zur Trennung von Verzeichnis- und Dateinamen.

- Dateien mit einem Punkt . als erstes Zeichen des Namens gelten als *versteckte Dateien* und werden bei der normalen Inhaltsanzeige des Verzeichnisses nicht angezeigt. In DOS existieren solche Dateien auch, die Kennzeichnung als versteckte Datei erfolgt dort über das Kommando `ATTRIB`. Näheres über versteckte Dateien erfährt man in Abschnitt 2.4.

- Wie in DOS können durch die Platzhalterzeichen * und ? in Datei- und Verzeichnisnamen Kommandos auch auf mehrere Dateien bzw. Verzeichnisse angewandt werden. Aufgrund der unterschiedlichen Struktur der Dateinamen haben die Platzhalterzeichen in UNIX allerdings eine andere Wirkung als in DOS. Während in DOS durch *.*, * oder . alle Dateien bezeichnet werden, geschieht dies in UNIX durch die Angabe von *. In UNIX würde die erste Form nur Dateien, deren Name mindestens einen Punkt enthält, bezeichnen. Neben den aus DOS bekannten Platzhalterzeichen * und ? erlaubt UNIX auch die Bezeichnung von Dateimengen durch die in Abschnitt 3.5 besprochenen regulären Ausdrücke.

- Einige UNIX-Versionen arbeiten nicht korrekt mit Umlauten. Aus diesem Grund sollte man Umlaute in Dateinamen vermeiden.

Einige Beispiele für gültige Dateinamen sind:

- `abc.DEFG.hij`

  Punkte können innerhalb des Dateinamens beliebig gesetzt werden, auch mehrfach.

- `1234567`

  Ziffern sind durchgehend erlaubt.

- `_Datei`

  Unterstriche sind ebenfalls erlaubt, auch zu Beginn.

1.6.2 Erzeugen einer Datei mit dem Standard-Editor

Um das grundlegende Arbeiten mit Dateien zu erlernen, braucht man ein Übungsobjekt. Dies soll hier eine Datei mit dem Namen `erste.uebung` sein. Um sie zu erzeugen, verwendet man den Standardeditor `vi`. Dessen Entsprechung in DOS ist der Editor `EDIT`.

```
$ vi erste.uebung
```

Wenn man `vi` aufgerufen hat, befindet man sich im sogenannten Kommandomodus des Editors, d.h. sämtliche Eingaben werden nicht als Text sondern als Editor-Kommandos interpretiert. Um in den Texteingabemodus zu wechseln und Text eingeben zu können, gibt man das passende Kommando, indem man die Taste `a` drückt; das Zeichen a wird dabei nicht auf dem Bildschirm ausgegeben. Man befindet sich dadurch im Modus zum Anhängen von Text. Nun kann man mit der Texteingabe beginnen:

```
aHier geben Sie Text im vi ein; RETURN
wenn Sie mit der Texteingabe fertig RETURN
sind, druecken Sie ESCAPE. ESC

~
~
~
```

Nachdem man die Eingabe beendet hat, gelangt man mit `ESC` wieder in den Kommandomodus zurück, d.h. alle folgenden Eingaben werden wieder als Editorkommandos aufgefaßt. Auf dem Bildschirm ist der gerade aktive Modus allerdings nicht erkennbar. Die Eingabe des Editorkommandos ZZ — in großen Buchstaben! — schreibt den eingegebenen Text in die Datei und verläßt vi. Alternativ kann man vi auch durch Eingabe von :wq RETURN mit der Speicherung des Textes verlassen. Weitere Möglichkeiten von vi sind in Abschnitt 2.5.1 beschrieben.

1.6.3   Ausgeben des Inhalts eines Verzeichnisses

Nun hat man die Datei erste.uebung angelegt. Um zu kontrollieren, ob diese Datei auch wirklich erzeugt wurde, verwendet man das Kommando ls. Dieses Kommando entspricht im wesentlichen dem DOS-Kommando DIR /W.

```
$ ls

erste.uebung
```

Das Kommando ls gibt die Namen aller Dateien im aktuellen Verzeichnis aus. Wenn bereits andere Dateien vor Beginn der Übungen existierten, werden diese natürlich mit angezeigt. erste.uebung muß dann in der Liste der Dateien zu finden sein.

Will man ausführliche Informationen zu den Dateien erfahren, z.B. die Dateilänge, so kann dies mit der Option l ("long") des Kommandos ls erreicht werden, wie aus Abbildung 1.2 hervorgeht. In DOS entspricht der Befehl DIR ohne Optionen diesem Kommando. Per Voreinstellung gibt das Kommando ls keine versteckten Dateien, d.s. Dateien, deren Name mit einem Punkt beginnt, aus. Möchte man versteckte Dateien ausgeben, geschieht dies mit der Option a ("all"). Das DOS-Äquivalent für das Kommando ls -a lautet DIR /AH.

Die einzelnen Bedeutungen der Spalten werden im Abschnitt 2.2.1 genauer erläutert. Der Inhalt der Spalten 3, 4 und 6 ist dabei natürlich verschieden von dem hier angegebenen.

Analog zu DOS wird durch Angabe eines Dateinamens mit Platzhaltern als Argument nach dem Kommandonamen die Ausgabe auf die Dateien, deren Namen dem angegebenen Argument entspricht, eingeschränkt. Die Formatierung der Ausgabe des ls-Kommandos kann durch weitere

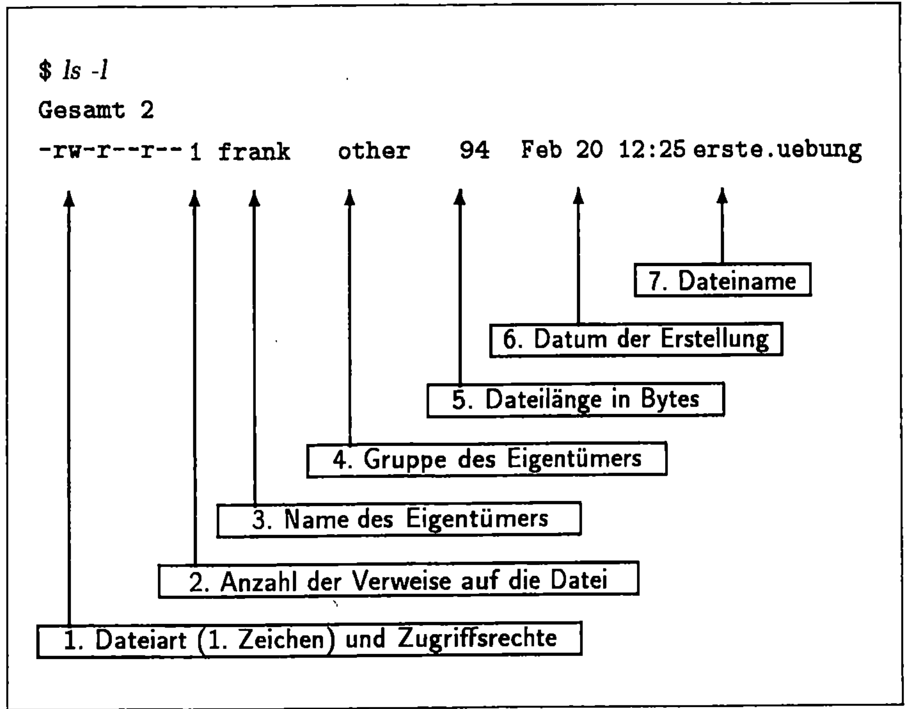

Abbildung 1.2: Ausgabe des ls-Kommandos

Optionen gesteuert werden. Diese Optionen können z.B. mit dem Kommando man ls abgerufen werden. Diese Möglichkeit sollte immer dann genutzt werden, wenn nicht alle Optionen in diesem Buch besprochen werden können.

1.6.4 Anzeigen von Dateien

Nachdem man die Datei angelegt hat, kann man den Dateiinhalt auch wieder ausgeben. Dies geschieht mit den UNIX-Kommandos more oder cat. In DOS entspricht dieses Kommando dem Befehl TYPE.

```
$ more erste.uebung
```

bzw.

```
$ cat erste.uebung
```

liefern beide die Ausgabe:

```
Hier geben Sie Text im vi ein;
wenn Sie mit der Texteingabe fertig
sind, druecken Sie ESCAPE.
```

Der Unterschied zwischen den Kommandos cat und more besteht darin, daß das Kommando more den Inhalt von Dateien seitenweise ausgibt. Dies bedeutet, daß nach einer Seite die Ausgabe angehalten und auf die Betätigung der Leertaste gewartet wird. cat läßt die Anzeige bis zum Dateiende ohne Halt durchlaufen. Werden mehrere Dateinamen als Argumente angegeben bzw. durch Platzhalter spezifiziert, so erfolgt die Ausgabe der so bezeichneten Dateien hintereinander.

1.6.5   Kopieren von Dateien

Die Datei erste.uebung kann mit dem Kommando cp kopiert werden. Der entsprechende DOS-Befehl lautet COPY. Soll beispielsweise eine Kopie von erste.uebung unter dem Namen erste.kopie angelegt werden, gibt man ein:

$ *cp erste.uebung erste.kopie*

Man kann den Kopiervorgang mit dem Kommando ls -l kontrollieren:

$ *ls -l erste.**

```
-rw-r--r--  1 frank   other      94 Feb 20 12:26 erste.kopie
-rw-r--r--  1 frank   other      94 Feb 20 12:25 erste.uebung
```

Eigentümer, Gruppe und Datum sind natürlich je System und Anwender verschieden. Mit Hilfe der Platzhalterzeichen kann eine Gruppe von Dateien analog zu DOS mit einem einzigen Kopierbefehl kopiert werden. Dies gilt auch für die folgenden Kommandos, ohne daß es dort jeweils ausdrücklich erwähnt wird.

1.6.6 Umbenennen von Dateien

Zum Umbenennen von Dateien verwendet man das Kommando `mv`. Dieses Kommando entspricht teilweise dem DOS-Kommando `RENAME`. Möchte man etwa die im letzten Schritt kopierte Datei `erste.kopie` mit dem Dateinamen `erste.sicher` versehen, verwendet man folgendes Kommando:

```
$ mv erste.kopie erste.sicher
$ ls -l erste.*


-rw-r--r--   1 frank   other      94 Feb 20 12:26 erste.sicher
-rw-r--r--   1 frank   other      94 Feb 20 12:25 erste.uebung
```

1.6.7 Löschen von Dateien

Dateien können mit dem Kommando `rm` entfernt werden. Dieses Kommando entspricht den DOS-Kommandos `DEL` bzw. `ERASE`. Soll beispielsweise die Datei `erste.sicher` wieder gelöscht werden, gibt man ein:

```
$ rm erste.sicher
```

Man kann den Löschvorgang mit dem Kommando `ls -l` überprüfen:

```
$ ls -l erste.*


-rw-r--r--   1 frank   other      94 Feb 20 12:25 erste.uebung
```

1.6.8 Drucken von Dateien

Man kann mit dem Kommando `lp` Dateien ausdrucken. Das entsprechende DOS-Kommando lautet `PRINT`. Ist am UNIX-System ein Drucker angeschlossen, so verwendet man das folgende Kommando zum Druck der Beispieldatei `erste.uebung`:

```
$ lp erste.uebung
```

Eine Beschreibung der zahlreichen Optionen von `lp` erfolgt in Abschnitt 2.6.2.

1.7   Umleitung der Ein- und Ausgaben

Die Shells wie auch die anderen Programme des Betriebssystems sind so konzipiert, daß sie ihre Eingaben von der *Standardeingabe* lesen und die Ausgaben auf die *Standardausgabe* schreiben. Erst beim Start der Programme wird dabei von der Shell festgelegt, was die Standardeingabe bzw. -ausgabe während der momentanen Arbeit tatsächlich ist. Im Regelfall ist die Standardeingabe die Tastatur des Terminals und die Standardausgabe der Bildschirm. Man kann jedoch auch festlegen, daß die Standardein- oder -ausgabe eine Datei oder die Standardein- oder -ausgabe eines weiteren Programms ist. In diesem Fall spricht man von Eingabe- bzw. Ausgabeumleitung. Diese ist genau wie in DOS mit den Umleitungsoperatoren `<`, `>` und `|` möglich. Dadurch können die Ausgaben von Kommandos, die normalerweise nur auf dem Bildschirm erscheinen, in Dateien geschrieben oder an andere Kommandos weitergeleitet werden, ebenso wie die Eingabe statt von der Tastatur von einer Datei oder einem anderen Kommando erfolgen kann. Auf diese Weise können Ausgaben von Kommandos gespeichert und weiterbearbeitet werden.

```
$ man ls > lsdok.text
```

Durch den Umleitungsoperator `>` wird die Datei `lsdok.text` im aktuellen Verzeichnis erzeugt und die Dokumentation des Kommandos `ls` in diese Datei geschrieben. Man kann mit Hilfe der Umleitung die Datei `lsdok.text` auch leicht kopieren, indem man eingibt:

```
$ cat lsdok.text > lstext.text
```

Dieses Kommando liest den Text aus `lsdok.text` und schreibt ihn in die neue Datei `lstext.text`.

Bei der Verwendung des Umleitungsoperators > ist zu berücksichtigen, daß die angegebene Datei überschrieben wird, sofern sie schon vorhanden ist. Auch das Anhängen von Ausgaben an eine Datei ist möglich. Soll beispielsweise die Dokumentation für die Kommandos ls und cat in eine Datei mit dem Namen hilfetext geschrieben werden, so verwendet man zuerst den Operator > und dann den Operator >>:

```
$ man ls > hilfetext
$ man cat >> hilfetext
```

Bei dem ersten man-Kommando wird die Dokumentation zu ls in die Datei hilfetext geschrieben. Beim zweiten man-Kommando wird die Dokumentation zu cat an die Datei hilfetext angehängt. Mit dem ls-Kommando kann immer wieder überprüft werden, welche Dateien inzwischen erzeugt wurden. Dieses Kommando sollte jetzt folgendes Ergebnis liefern:

```
$ ls -l

Gesamt 110
-rw-r--r--  1 frank   other      94 Feb 20 12:25 erste.uebung
-rw-r--r--  1 frank   other   18654 Feb 20 12:28 hilfetext
-rw-r--r--  1 frank   other   15798 Feb 20 12:27 lsdok.text
-rw-r--r--  1 frank   other   15798 Feb 20 12:28 lstext.text
```

Möchte man nur die Angaben zu den Dateien, deren Namen mit der Zeichenkette .text endet, so erhält man diese durch

```
$ ls -l *.text

-rw-r--r--  1 frank   other   15798 Feb 20 12:27 lsdok.text
-rw-r--r--  1 frank   other   15798 Feb 20 12:28 lstext.text
```

Eine weitere Eigenschaft von UNIX, die auch in DOS implementiert wurde, ist die Verknüpfung von Programmen über eine sogenannte *Pipe*. Eine Pipe liest die Standardausgabe eines Kommandos und leitet sie als Standardeingabe an ein weiteres Kommando weiter. Gekennzeichnet wird eine Pipe durch das Zeichen |.

```
$ cat erste.uebung | sort
```

Diese Kommandofolge liest die Datei `erste.uebung` und leitet die Zeilen als Standardeingabe an das Kommando `sort` weiter. `sort` liest die Zeilen von der Standardeingabe und sortiert diese. Anschließend gibt `sort` die sortierten Zeilen auf der Standardausgabe, hier also dem Bildschirm, aus. Nähere Angaben zum `sort`-Kommando finden sich in Abschnitt 2.5.3. Das Ergebnis sieht dann wie folgt aus:

```
Hier geben Sie Text im vi ein;
sind, druecken Sie ESCAPE.
wenn Sie mit der Texteingabe fertig
```

Pipes können aber auch mit mehr als zwei Kommandos gebildet werden:

```
$ cat erste.uebung | sort | lp
```

Diese Kommandofolge sortiert die Datei `erste.uebung` und gibt diese sortierte Datei anschließend über das Druckkommando `lp` auf dem Drucker aus.

Zusammengefaßt gibt es die folgenden Umleitungsmöglichkeiten:

Argument	Zweck
> <Dateiname>	Ausgabe in die angegebene Datei schreiben
>> <Dateiname>	Ausgabe an die angegebene Datei anhängen
< <Dateiname>	Eingabe aus der angegebenen Datei lesen
| <Kommando>	Standardausgabe des aktuellen Kommandos als Standardeingabe für <Kommando> verwenden (*Pipe*)

Die vorgestellten Umleitungsmöglichkeiten können in der Standard-Shell und in der C-Shell in gleicher Weise eingesetzt werden; bei weiterführenden Möglichkeiten sind jedoch einige Unterschiede zu beachten.

1.8 Arbeiten mit Verzeichnissen

1.8.1 Aufbau des Dateisystems

Das Dateisystem in UNIX ist wie in DOS in hierarchischer Form in
Verzeichnisse aufgegliedert. Daher müssen Datei- und Verzeichnisnamen *qualifiziert* werden, d.h. die Namen aller Verzeichnisse, die entlang
des Pfades von der Wurzel des Verzeichnisbaums, dem Hauptverzeichnis, bis zur gewünschten Datei bzw. bis zum gewünschten Verzeichnis
liegen, müssen angegeben werden. Wie bereits erwähnt, verwendet das
UNIX-Dateisystem im Gegensatz zu DOS den rechtsgeneigten Schrägstrich / zum Verknüpfen von Verzeichnissen. Das Hauptverzeichnis des
Dateisystems wird mit dem Zeichen / adressiert. Ein Beispiel für einen
derart qualifizierten Dateinamen ist `/home/frank/lsdok.text`.

Im Gegensatz zu DOS gibt es in UNIX nur ein einziges Verzeichnissystem, dessen Teilsysteme auf die einzelnen vorhandenen Datenträger
abgebildet werden. Laufwerksbezeichnungen wird man daher in UNIX-
Systemen vergeblich suchen. Das Arbeiten mit weiteren Datenträgern
wird in den Abschnitten 2.7 und 2.8 beschrieben. Der Verzeichnisbaum
hat in allen UNIX-Systemen in der Regel einen festen Aufbau, der auch
nicht ohne Not geändert werden sollte, weil ihn die meisten Anwendungen in dieser Form voraussetzen. Die Grundstruktur des standardmäßig
vorzufindenden Verzeichnisbaumes ist in Abbildung 1.3 dargestellt.

Wie aus der Abbildung 1.3 deutlich wird, sind einzelne Dateiarten im
UNIX-Dateisystem streng getrennt. Jeder eingetragene Benutzer besitzt ein eigenes *Stammverzeichnis*, das sich im Unterverzeichnis `/home`
befindet. In diesem Verzeichnis kann der jeweilige Anwender eigene Dateien und Unterverzeichnisse anlegen. Unter UNIX System V Version
3.2 befindet sich das Stammverzeichnis des Benutzers im Verzeichnis
`/usr`.

1.8.2 Das aktuelle Verzeichnis

Damit bei der Arbeit mit Dateien nicht stets der qualifizierte Datei-
name beginnend von der Wurzel angegeben werden muß, gibt es wie in
DOS die Ersetzungsregel des aktuellen Verzeichnisses. Alle Angaben zu
Dateien und Verzeichnissen, die nicht wie oben beschrieben ausdrück-

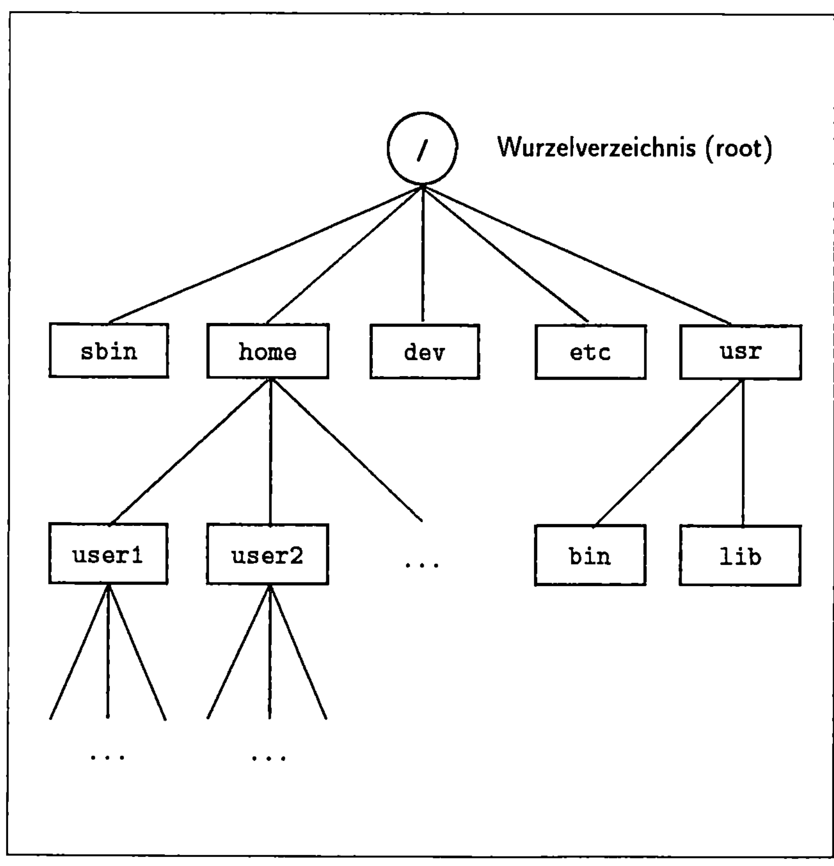

Abbildung 1.3: Der UNIX Verzeichnisbaum

lich qualifizierte Namen verwenden, werden um den Pfad zum aktuellen Verzeichnis ergänzt. Diese Ersetzungsregel wurde bereits bei den
Übungen der vorigen Abschnitte verwendet. Wenn der Pfad explizit angegeben wird, bezieht sich wie in DOS die Verzeichnisangabe " ." auf
das aktuelle Verzeichnis, die Angabe " .." auf das jeweils übergeordnete
Verzeichnis.

Das Kommando pwd gibt den Namen des aktuellen Verzeichnisses aus.
In DOS geschieht dies durch Eingabe des Kommandos CD ohne Argumente. Wenn man sich am UNIX-System angemeldet hat, so befindet man sich meist in seinem Stammverzeichnis, das vom Systemadministrator zugeteilt wurde. Für einen Benutzer frank liefert das
pwd-Kommando nach dem Anmeldevorgang das folgende Resultat:

$ *pwd*

```
/home/frank
```

Das aktuelle Verzeichnis kann — ebenso wie in DOS — mit dem Kommando

```
cd [<Verzeichnisname>]
```

gewechselt werden. Auch hierbei gilt bereits die Ersetzungsregel für das aktuelle Verzeichnis. Der Benutzer kann mit dem cd-Kommando innerhalb des Verzeichnisbaums navigieren. Die Regeln bei der Interpretation von Datei- und Verzeichnisnamen sollen an folgenden Beispielen demonstriert werden. Das Ergebnis des Verzeichniswechsels sollte dabei stets mit pwd überprüft werden.

- Beginnt ein Verzeichnisname mit einem "/", so nimmt cd an, daß der angegebene Pfadname im Wurzelverzeichnis des aktuellen Dateisystems beginnt. Das Kommando

  ```
  $ cd /home/frank
  ```

  stellt das Verzeichnis frank, das sich im Verzeichnis home befindet, als aktuelles Verzeichnis ein. home wiederum befindet sich im Hauptverzeichnis. Beim Ausprobieren sollte man — wie in Abschnitt 1.3 festgelegt — statt frank den eigenen Benutzernamen verwenden.

- Beginnt ein Verzeichnisname mit einem "." oder ohne jeglichen Vorspann, so wird der restliche Verzeichnisname ausgehend vom aktuellen Verzeichnis interpretiert. Die folgende Kommandofolge wechselt ausgehend vom Verzeichnis /home/frank in das übergeordnete Verzeichnis /home und aktualisiert dann wieder das Verzeichnis /home/frank:

  ```
  $ cd /home
  $ pwd
  /home
  $ cd ./frank
  $ pwd
  /home/frank
  ```

Wenn das Unterverzeichnis `frank` im Verzeichnis `/home` nicht existiert, gibt es eine Fehlermeldung, und das Verzeichnis `/home` bleibt als aktuelles Verzeichnis erhalten.

- Beginnt ein Verzeichnisname mit "`..`", so wird der restliche Verzeichnisname ausgehend vom übergeordneten Verzeichnis interpretiert. `cd ..` stellt daher das im Verzeichnisbaum über dem momentan aktuellen Verzeichnis liegende Verzeichnis als neues aktuelles Verzeichnis ein. Die folgende Kommandofolge benutzt zuerst die Angabe von "`..`" zum Wechseln in das übergeordnete Verzeichnis `/home`, wechselt dann in das Verzeichnis `/usr`, und anschließend wieder zurück in das Stammverzeichnis:

```
$ pwd
/home/frank
$ cd ..
$ pwd
/home
$ cd ../usr
$ pwd
/usr
$ cd ../home/frank
$ pwd
/home/frank
```

- Ohne Angabe von "`/`", "`.`" oder "`..`" versucht `cd` den angegebenen Verzeichnisnamen unter Ausnutzung der Ersetzungsregel relativ zum aktuellen Verzeichnis zu finden.

```
$ pwd
/home/frank
$ cd ..
$ pwd
/home
$ cd frank
$ pwd
/home/frank
```

Da hier bei der Nennung des Verzeichnisnamens nicht ausdrücklich mit "/", "." oder ".." begonnen wurde, wird `frank` durch die Ersetzungsregel als Unterverzeichnis des aktuellen Verzeichnisses angesehen.

- Wird kein Verzeichnisname angegeben, wechselt `cd` in das Stammverzeichnis des Benutzers, das für ihn bei der Zuteilung des Benutzernamens angelegt wurde.

```
$ cd ..
$ pwd
/home
$ cd
$ pwd
/home/frank
```

`cd` ohne Angabe eines Verzeichnisnamens stellt also das Verzeichnis `/home/frank` als aktuelles Verzeichnis ein, statt wie in DOS das aktuelle Verzeichnis anzuzeigen.

1.8.3 Anlegen von Verzeichnissen

Mit dem Kommando `mkdir` werden die angegebenen Verzeichnisnamen als Verzeichnisse neu angelegt. In DOS geschieht dies durch `MKDIR` oder `MD`. Zum Anlegen von Unterverzeichnissen muß der Anwender für das übergeordnete Verzeichnis das Schreibrecht besitzen. Dieses Zugriffsrecht wird im Abschnitt 2.2.1 näher beschrieben. In den neuen Verzeichnissen werden — wie in DOS — automatisch die Unterverzeichnisse "." und ".." angelegt, die aber im Gegensatz zu DOS als versteckte Dateien geführt werden und daher bei Verwendung von `ls` ohne Option `-a` nicht sichtbar sind.

```
$ mkdir dokumentation
$ ls -l
```

```
Gesamt 112
drwxr-xr-x  2 frank  other     32 Feb 20 12:30 dokumentation
-rw-r--r--  1 frank  other     94 Feb 20 12:25 erste.uebung
-rw-r--r--  1 frank  other  18654 Feb 20 12:28 hilfetext
```

```
-rw-r--r--  1 frank  other  15798 Feb 20 12:27 lsdok.text
-rw-r--r--  1 frank  other  15798 Feb 20 12:28 lstext.text
```

Dieses Kommando legt das Unterverzeichnis `dokumentation` im aktuellen Verzeichnis an. In Erweiterung der Funktionalität des DOS-Pendants kann man mit `mkdir` auch mehrere Verzeichnisse anlegen, indem man im Verzeichnisnamen Namen von übergeordneten Verzeichnissen, die nicht vorhanden sind, angibt und die Option `-p` ("parent") verwendet.

1.8.4   Kopieren zwischen Verzeichnissen

Mit dem Kommando `cp`, das in einem vorhergehenden Abschnitt bereits beschrieben wurde, können Dateien auch zwischen verschiedenen Verzeichnissen kopiert werden. Das cp-Kommando kann dazu wie folgt verwendet werden:

```
cp [<Optionen>] <Dateiname> ... <Ziel>
```

Wenn in `Ziel` der Name eines Verzeichnisses angegeben wird, so werden die durch `Dateiname` bezeichneten Dateien in dieses Verzeichnis kopiert. Sie erhalten dort den gleichen Namen wie im alten Verzeichnis. Wenn in `Ziel` ein anderer Dateiname angegeben wird, wird die Datei unter diesem Namen dupliziert. Ist eine zu kopierende Datei im Zielverzeichnis bereits vorhanden, so wird die vorhandene Datei von der zu kopierenden Datei ohne Warnung überschrieben, es sei denn, man gibt die Option `-i` ("interactive") an, bei der vom System für jede existierende Datei eine Bestätigung für das Überschreiben erfragt wird.

```
$ cp lsdok.text dokumentation
```

kopiert daher die Datei `lsdok.text` aus dem aktuellen Verzeichnis in das Unterverzeichnis `dokumentation`. Um das Ergebnis des Kopiervorgangs zu überprüfen, verwendet man die folgende Befehlsfolge:

```
$ cd dokumentation
$ ls
```

```
lsdok.text
```

```
$ cd ..
```

Dies kann auch direkt vom Stammverzeichnis aus durch Eingabe von

```
$ ls dokumentation
```

geschehen, d.h. ls erlaubt als Argument auch einen Verzeichnisnamen. Die volle Notation dieses Kommandos lautet daher:

```
ls [<Optionen>] {<Dateiname>|<Verzeichnisname>} ...
```

Wird beim ls-Kommando die Option -R ("recursive") — als großer Buchstabe — angegeben, werden zusätzlich rekursiv alle Einträge aller Unterverzeichnisse aufgelistet. Bei DOS entspricht dieser Möglichkeit das Kommando DIR /S.

```
$ ls -lR
```

```
Gesamt 112
drwxr-xr-x  2 frank   other       48 Feb 20 12:31 dokumentation
-rw-r--r--  1 frank   other       94 Feb 20 12:25 erste.uebung
-rw-r--r--  1 frank   other    18654 Feb 20 12:28 hilfetext
-rw-r--r--  1 frank   other    15798 Feb 20 12:27 lsdok.text
-rw-r--r--  1 frank   other    15798 Feb 20 12:28 lstext.text

./dokumentation:
Gesamt 34
-rw-r--r--  1 frank   other    15798 Feb 20 12:31 lsdok.text
```

Im Gegensatz zum RENAME-Kommando in DOS kann das UNIX-Kommando mv auch zum "Verschieben" von Dateien oder Verzeichnissen von einem Verzeichnis zum anderen verwendet werden. Dabei wird als zweites Argument ein Verzeichnisname — nur Verschieben — bzw. ein Dateiname in einem anderen Verzeichnis — Verschieben und

Umbenennen — angegeben. Werden als Argumente zwei Verzeichnisnamen spezifiziert, so wird das Verzeichnis aus dem ersten Argument in das Verzeichnis aus dem zweiten Argument versetzt. Die Wirkungsweise dieser Art des Verschiebens soll am folgenden Beispiel gezeigt werden, in dem die Datei `1stext.text` in das Unterverzeichnis `dokumentation` und wieder zurück verschoben wird:

```
$ mv 1stext.text dokumentation
$ ls dokumentation

1sdok.text      1stext.text

$ ls

dokumentation     erste.uebung     hilfetext     1sdok.text

$ mv dokumentation/1stext.text .
$ ls

dokumentation     erste.uebung     hilfetext     1sdok.text
1stext.text
```

1.8.5 Entfernen von Verzeichnissen

Mit dem Kommando `rmdir` können Verzeichnisse entfernt werden. `rmdir` entspricht den Kommandos `RD` bzw. `RMDIR` in DOS. Voraussetzung zum Entfernen von Verzeichnissen ist, daß die angegebenen Verzeichnisse leer sind, d.h. keine Dateien oder Unterverzeichnisse außer "." und ".." enthalten. Außerdem darf nicht das aktuelle Verzeichnis gelöscht werden. Der Versuch, die Verzeichnisse "." oder ".." zu entfernen, liefert eine Fehlermeldung. Eine Möglichkeit, mit einem Befehl auch nichtleere Verzeichnisse samt deren Unterverzeichnissen zu löschen, besteht in der Verwendung von `rm` mit der Option `-r` ("recursive") und dem Namen des zu löschenden Verzeichnisses als Argument.

Das folgende Beispiel leert zuerst das Unterverzeichnis `dokumentation`, um dieses dann selbst zu löschen.

$ *cd dokumentation*

$ *rm lsdok.text*

$ *cd ..*

$ *rmdir dokumentation*

$ *ls*

```
erste.uebung     hilfetext     lsdok.text     lstext.text
```

1.9   Kommandovergleich DOS-UNIX

Die bisher vorgestellten UNIX-Kommandos sollen in der folgenden
Übersicht ihren DOS-Äquivalenten gegenübergestellt werden.

DOS	UNIX
ATTRIB	ls -l
CD	cd, pwd
COPY	cp
COMMAND	sh, csh
DEL, ERASE	rm
DIR	ls -l
DIR /W	ls
DIR /S	ls -R
EDIT	vi
EXIT	exit
HELP	man, apropos
MD, MKDIR	mkdir
MORE, TYPE	more, cat
PRINT	lp
RD, RMDIR	rmdir
RENAME	mv
SORT	sort

Bis jetzt wurde ein Grundstock an UNIX-Kommandos, deren Funktion
aus DOS bekannt ist, erarbeitet. Dieses Grundwissen wird im folgenden
Kapitel systematisiert und erweitert. Um das Gelernte zu vertiefen,
sollte der folgende Übungsblock durchgearbeitet werden.

1.10 Übungsblock

Zuerst muß stets die Anmeldung am System erfolgen. Dazu müssen Benutzername und Paßwort bekannt sein.

        login: *Benutzername* RETURN

        password: *Paßwort* RETURN

Es kann kontrolliert werden, welche Benutzer momentan am UNIX-System arbeiten.

```
$ who

    root      console Mar 4      8:31
    frank     tty01   Mar 4      9:40
    peter     tty04   Mar 3     10:51
    anna      tty08   Mar 4     10:07
    gast      tty0A   Mar 2      8:12
    jobs      tty09   Mar 4     10:07
    gates     tty0F   Mar 3      8:12
```

In bestimmten Abständen sollte das Paßwort geändert werden.

```
$ passwd
passwd: Ändern des Kennworts für frank
Altes Kennwort : <altes Paßwort>
Neues Kennwort : <neues Paßwort>
Kennwort nochmals eingeben: <neues Paßwort>
```

Die Shells können gewechselt werden, von der Standard-Shell in die C-Shell und von der C-Shell in die Standard-Shell.

```
$ csh
```

oder

% sh

Das Beenden und die Rückkehr in die darunterliegende Shell erfolgt über **exit**.

Der gesamte Handbucheintrag zum Kommando **who** soll angezeigt werden.

$ man who

```
10/89                                                      Seite 1

who(1)            UNIX System V(Grundpaket)            who(1)

BEZEICHNUNG

     who - anzeigen, wer im System angemeldet ist

...
```

Der Inhalt des Stammverzeichnisses des Benutzers soll angezeigt werden, zuerst in Kurzform, dann mit Informationen zu den einzelnen Dateien, dann mit den versteckten Dateien.

$ ls

```
erste.uebung    hilfetext    lsdok.text    lstext.text
```

$ ls -l

```
Gesamt 110
-rw-r--r--  1 frank  other      94 Feb 20 12:25 erste.uebung
-rw-r--r--  1 frank  other   18654 Feb 20 12:28 hilfetext
-rw-r--r--  1 frank  other   15798 Feb 20 12:27 lsdok.text
-rw-r--r--  1 frank  other   15798 Feb 20 12:28 lstext.text
```

$ ls -la

```
Gesamt 116
drwxr-xr-x 2 frank   other       128 Feb 20 12:33 .
drwxr-xr-x 9 root    root        144 Feb 20 12:14 ..
-rw-r--r-- 1 frank   other       144 Feb 20 11:40 .profile
-rw-r--r-- 1 frank   other        94 Feb 20 12:25 erste.uebung
-rw-r--r-- 1 frank   other     18654 Feb 20 12:28 hilfetext
-rw-r--r-- 1 frank   other     15798 Feb 20 12:27 lsdok.text
-rw-r--r-- 1 frank   other     15798 Feb 20 12:28 lstext.text
```

Mit Hilfe des Editors **vi** soll eine Datei erzeugt und mit einigen Zeilen
Text gefüllt werden.

$ vi zweite.uebung

aZeile 1 der Datei 1 RETURN

Zeile n der Datei 1 ESC

ZZ

Der Inhalt des Stammverzeichnisses soll erneut überprüft werden.

$ ls

```
erste.uebung    hilfetext    lsdok.text    lstext.text
zweite.uebung
```

$ ls -l

```
Gesamt 112
-rw-r--r-- 1 frank   other        94 Feb 20 12:25 erste.uebung
-rw-r--r-- 1 frank   other     18654 Feb 20 12:28 hilfetext
-rw-r--r-- 1 frank   other     15798 Feb 20 12:27 lsdok.text
-rw-r--r-- 1 frank   other     15798 Feb 20 12:28 lstext.text
-rw-r--r-- 1 frank   other        41 Feb 20 12:35 zweite.uebung
```

Die Datei soll in eine Datei mit gleichem, aber aus Großbuchstaben bestehenden Namen umkopiert werden. Durch Überprüfung des Inhaltsverzeichnisses ist festzustellen, daß eine weitere Datei erzeugt wurde.

$ *cp zweite.uebung ZWEITE.UEBUNG*

$ *ls -l*

```
Gesamt 114
-rw-r--r--  1 frank   other       41 Feb 20 12:36 ZWEITE.UEBUNG
-rw-r--r--  1 frank   other       94 Feb 20 12:25 erste.uebung
-rw-r--r--  1 frank   other    18654 Feb 20 12:28 hilfetext
-rw-r--r--  1 frank   other    15798 Feb 20 12:27 lsdok.text
-rw-r--r--  1 frank   other    15798 Feb 20 12:28 lstext.text
-rw-r--r--  1 frank   other       41 Feb 20 12:35 zweite.uebung
```

Der Handbucheintrag über den Editor vi soll mit Hilfe der Ausgabe-
umleitung in eine Datei eingetragen werden.

$ *man vi > edit.handbuch*

Diese Datei soll auf dem Bildschirm angezeigt werden, einmal ohne Unterbrechung, einmal mit Unterbrechung nach jeder vollen Bildschirm-
seite.

$ *cat edit.handbuch*

```
vi(1)     UNIX System V(Textverarbeitungspaket)     vi(1)

BEZEICHNUNG

    vi (1) - Standard-Editor
...
```

$ *more edit.handbuch*

```
vi(1)          UNIX System V(Grundpaket)          vi(1)

BEZEICHNUNG

    vi (1) - Standard-Editor
...
```

Die Datei soll einen anderen Namen erhalten. Das Ergebnis ist wiederum zu kontrollieren.

```
$ mv edit.handbuch vi.handbuch
$ ls -l
```

```
Gesamt 160
-rw-r--r--  1 frank   other        41 Feb 20 12:36 ZWEITE.UEBUNG
-rw-r--r--  1 frank   other        94 Feb 20 12:25 erste.uebung
-rw-r--r--  1 frank   other     18654 Feb 20 12:28 hilfetext
-rw-r--r--  1 frank   other     15798 Feb 20 12:27 lsdok.text
-rw-r--r--  1 frank   other     15798 Feb 20 12:28 lstext.text
-rw-r--r--  1 frank   other     22081 Feb 20 12:36 vi.handbuch
-rw-r--r--  1 frank   other        41 Feb 20 12:35 zweite.uebung
```

Die (kopierte) Datei `ZWEITE.UEBUNG` soll gelöscht werden.

```
$ rm ZWEITE.UEBUNG
```

Die selbsterstellte Datei `zweite.uebung` soll gedruckt werden.

```
$ lp zweite.uebung
```

Eine weitere Übungsdatei `dritte.uebung` soll erstellt werden.

```
$ vi dritte.uebung
aZeile 1 der Datei 2 RETURN
Zeile n der Datei 2 ESC
ZZ
```

Beide Übungsdateien sollen zu einer dritten vereinigt werden. An diese Datei soll die Ursprungsdatei ein drittes Mal angehängt werden.

```
$ cat zweite.uebung dritte.uebung > vierte.uebung
$ cat zweite.uebung >> vierte.uebung
```

Alle vier Dateien sind im Inhaltsverzeichnis zu suchen, und ihr Inhalt
soll auf dem Bildschirm ausgegeben werden.

```
$ ls -l *.uebung
```

```
-rw-r--r--  1 frank  other      41 Feb 20 12:37 dritte.uebung
-rw-r--r--  1 frank  other      94 Feb 20 12:25 erste.uebung
-rw-r--r--  1 frank  other     123 Feb 20 12:38 vierte.uebung
-rw-r--r--  1 frank  other      41 Feb 20 12:35 zweite.uebung
```

Nur die drei zuletzt erstellten Dateien sollen angezeigt werden.

```
$ ls -l ????te.uebung
```

```
-rw-r--r--  1 frank  other      41 Feb 20 12:37 dritte.uebung
-rw-r--r--  1 frank  other     123 Feb 20 12:38 vierte.uebung
-rw-r--r--  1 frank  other      41 Feb 20 12:35 zweite.uebung
```

```
$ more zweite.uebung
```

```
Zeile 1 der Datei 1
Zeile n der Datei 1
```

```
$ more dritte.uebung
```

```
Zeile 1 der Datei 2
Zeile n der Datei 2
```

```
$ more vierte.uebung
```

```
Zeile 1 der Datei 1
Zeile n der Datei 1
Zeile 1 der Datei 2
Zeile n der Datei 2
Zeile 1 der Datei 1
Zeile n der Datei 1
```

Bei Einsatz der Platzhalterzeichen hätte man dies auch durch das Kommando `more ????te.uebung` erreichen können.

Die dritte Datei soll sortiert werden. Zunächst ist die Sortierung auf dem Bildschirm anzuzeigen, danach soll sie in eine weitere Datei `fuenft.uebung` umgeleitet werden.

```
$ cat vierte.uebung | sort


Zeile 1 der Datei 1
Zeile 1 der Datei 1
Zeile 1 der Datei 2
Zeile n der Datei 1
Zeile n der Datei 1
Zeile n der Datei 2


$ cat vierte.uebung | sort > fuenft.uebung
```

Das aktuelle Verzeichnis soll ermittelt werden.

```
$ pwd


/home/frank
```

Nacheinander soll in folgende Verzeichnisse als aktuelles Verzeichnis gewechselt werden: Hauptverzeichnis, Stammverzeichnis des Benutzers, darüberliegendes Verzeichnis, /etc, Stammverzeichnis des Benutzers. Das Ergebnis ist jeweils zu überprüfen. Am Ende soll der aktuelle Inhalt des Stammverzeichnisses angezeigt werden.

```
$ cd /
$ pwd
/
$ cd
$ pwd
/home/frank
$ cd ..
```

```
$ pwd
/home
$ cd /etc
$ pwd
/etc
$ cd
$ pwd
/home/frank
$ ls -la
```

```
Gesamt 168
drwxr-xr-x  2 frank   other       176 Feb 20 12:37 .
drwxr-xr-x  9 root    root        144 Feb 20 12:14 ..
-rw-r--r--  1 frank   other       144 Feb 20 11:40 .profile
-rw-r--r--  1 frank   other        41 Feb 20 12:37 dritte.uebung
-rw-r--r--  1 frank   other        94 Feb 20 12:25 erste.uebung
-rw-r--r--  1 frank   other       123 Feb 20 12:39 fuenft.uebung
-rw-r--r--  1 frank   other     18654 Feb 20 12:28 hilfetext
-rw-r--r--  1 frank   other     15798 Feb 20 12:27 lsdok.text
-rw-r--r--  1 frank   other     15798 Feb 20 12:28 lstext.text
-rw-r--r--  1 frank   other     22081 Feb 20 12:36 vi.handbuch
-rw-r--r--  1 frank   other       123 Feb 20 12:38 vierte.uebung
-rw-r--r--  1 frank   other        41 Feb 20 12:35 zweite.uebung
```

Im Stammverzeichnis soll ein Unterverzeichnis probier_dir angelegt
werden. In dieses Unterverzeichnis sollen alle Dateien, deren zweiter
Namensteil uebung ist, kopiert werden. Anschließend soll dieses Unterverzeichnis als aktuelles Verzeichnis eingestellt und sein Inhalt aufgelistet werden. Zuletzt ist das darüberliegende Verzeichnis wieder als
aktuelles Verzeichnis einzustellen.

```
$ mkdir probier_dir
$ cp *.uebung probier_dir
$ cd probier_dir
$ ls -l
```

```
Gesamt 8
-rw-r--r--  1 frank   other      41 Feb 20 12:40 dritte.uebung
-rw-r--r--  1 frank   other      94 Feb 20 12:40 erste.uebung
-rw-r--r--  1 frank   other     123 Feb 20 12:40 fuenft.uebung
-rw-r--r--  1 frank   other     123 Feb 20 12:40 vierte.uebung
-rw-r--r--  1 frank   other      41 Feb 20 12:40 zweite.uebung
```

$ cd ..

Die gleichen Dateien sollen erneut in das Unterverzeichnis probier_dir
kopiert werden. Daß dabei die vorhandenen Dateien überschrieben
werden, ist durch Ausgabe des Verzeichnisinhaltes probier_dir zu
überprüfen. Anschließend sollen die Dateien noch einmal kopiert werden, wobei das Überschreiben vorhandener Dateien einzeln bestätigt
werden soll.

$ cp *.uebung probier_dir

$ ls -l probier_dir

```
Gesamt 8
-rw-r--r--  1 frank   other      41 Feb 20 12:41 dritte.uebung
-rw-r--r--  1 frank   other      94 Feb 20 12:41 erste.uebung
-rw-r--r--  1 frank   other     123 Feb 20 12:41 fuenft.uebung
-rw-r--r--  1 frank   other     123 Feb 20 12:41 vierte.uebung
-rw-r--r--  1 frank   other      41 Feb 20 12:41 zweite.uebung
```

$ cp -i *.uebung probier_dir

Ueberschreiben von probier_dir/dritte.uebung ? (j/n) j

Ueberschreiben von probier_dir/erste.uebung ? (j/n) n

...

Der Inhalt des Stammverzeichnisses und aller Unterverzeichnisse soll
rekursiv angezeigt werden.

$ ls -Rl

```
Gesamt 164
-rw-r--r--  1 frank   other       41 Feb 20 12:37 dritte.uebung
-rw-r--r--  1 frank   other       94 Feb 20 12:25 erste.uebung
-rw-r--r--  1 frank   other      123 Feb 20 12:39 fuenft.uebung
-rw-r--r--  1 frank   other    18654 Feb 20 12:28 hilfetext
-rw-r--r--  1 frank   other    15798 Feb 20 12:27 lsdok.text
-rw-r--r--  1 frank   other    15798 Feb 20 12:28 lstext.text
drwxr-xr-x  2 frank   other       96 Feb 20 12:40 probier_dir
-rw-r--r--  1 frank   other    22081 Feb 20 12:36 vi.handbuch
-rw-r--r--  1 frank   other      123 Feb 20 12:38 vierte.uebung
-rw-r--r--  1 frank   other       41 Feb 20 12:35 zweite.uebung

./probier_dir:
Gesamt 8
-rw-r--r--  1 frank   other       41 Feb 20 12:42 dritte.uebung
-rw-r--r--  1 frank   other       94 Feb 20 12:42 erste.uebung
-rw-r--r--  1 frank   other      123 Feb 20 12:42 fuenft.uebung
-rw-r--r--  1 frank   other      123 Feb 20 12:42 vierte.uebung
-rw-r--r--  1 frank   other       41 Feb 20 12:42 zweite.uebung
```

Alle Dateien, deren Namen mit .uebung endet, sollen im Stammverzeichnis gelöscht werden.

```
$ cd

$ rm *.uebung
```

Im Stammverzeichnis soll ein weiteres Unterverzeichnis handbuch angelegt werden. Die Datei vi.handbuch soll dorthinein unter dem Namen vi verschoben werden. Anschließend soll die Datei lsdok.text unter gleichem Namen in das Verzeichnis handbuch verschoben werden. Das Verzeichnis handbuch und das Stammverzeichnis sollen kontrolliert werden.

```
$ mkdir handbuch

$ mv vi.handbuch handbuch/vi

$ mv lsdok.text handbuch

$ ls -l handbuch
```

```
Gesamt 80
-rw-r--r--  1 frank   other   15798 Feb 20 12:27 lsdok.text
-rw-r--r--  1 frank   other   22081 Feb 20 12:36 vi


$ ls -l


Gesamt 78
drwxr-xr-x  2 frank   other      64 Feb 20 12:43 handbuch
-rw-r--r--  1 frank   other   18654 Feb 20 12:28 hilfetext
-rw-r--r--  1 frank   other   15798 Feb 20 12:28 lstext.text
drwxr-xr-x  2 frank   other      96 Feb 20 12:40 probier_dir
```

Nun sollen die während der Übung erzeugten Dateien und Verzeichnisse
wieder entfernt werden. Beim Verzeichnis probier_dir soll dies durch
Löschen der Dateien und des Verzeichnisses, beim Verzeichnis handbuch
durch rekursives Löschen des Verzeichnisses geschehen. Da die Datei
erste.uebung später noch als Übungsobjekt gebraucht wird, muß sie
erhalten bleiben. Sie wird daher vor dem Löschen des Verzeichnisses
wieder ins Stammverzeichnis verschoben.

```
$ cd probier_dir
$ mv erste.uebung ..
$ rm *
$ cd ..
$ rmdir probier_dir
$ rm -r handbuch
$ ls -l


Gesamt 76
-rw-r--r--  1 frank   other      94 Feb 20 12:42 erste.uebung
-rw-r--r--  1 frank   other   18654 Feb 20 12:28 hilfetext
-rw-r--r--  1 frank   other   15798 Feb 20 12:28 lstext.text
```

Zum Abschluß der Arbeit sollte man sich vom System abmelden. Da
man am Anfang dieses Übungsblocks die C-Shell und dann nochmals
die Standard-Shell aufgerufen hat, muß man dreimal folgenden Befehl
eingeben:

```
$ exit
```

Kapitel 2

Fortgeschrittenes Arbeiten in UNIX

2.1 Prozeßverwaltung

Die bisher angeführten Beispiele wurden von den Shells interaktiv im *Vordergrund* ausgeführt. Das hat zur Folge, daß man erst dann neue Kommandos eingeben kann, wenn das mit dem zuletzt eingegebenen Kommando aufgerufene Programm beendet wurde. Dies ist für ein Single-Tasking-System die einzig mögliche Arbeitsweise. UNIX besitzt die Multi-Tasking-Fähigkeit, d.h. es kann mehrere Programme "gleichzeitig" ausführen. Ein in den Hauptspeicher geladenes und ausführbares Programm wird als *Prozeß* bezeichnet. Ein Prozeß arbeitet dabei stets interaktiv mit dem Benutzer, die anderen werden ohne Benutzerinteraktion im *Hintergrund* ausgeführt. Wenn ein Benutzer gleichzeitig mehrere Programme ausführen möchte, weil er z.B. während der zeitintensiven Arbeit eines Programms nicht auf dessen Ende warten möchte, sondern zwischendurch mit anderen Programmen arbeiten will, kann er die Ausführung des zeitintensiven Programms in den Hintergrund verlagern und im Vordergrund interaktiv mit anderen Programmen arbeiten.

Um einen Prozeß im Hintergrund auszuführen, wird das Zeichen & am Ende eines Kommandos angehängt. UNIX weist jedem Prozeß eine eindeutige Prozeßnummer zu, die vom Benutzer nicht beeinflußt werden kann. Diese Prozeßnummer dient dazu, die verschiedenen Prozesse zu identifizieren. Sie wird nach dem Starten des Prozesses auf dem Bildschirm angezeigt. Da die jeweilige zurückgelieferte Prozeßnummer vom UNIX-System dynamisch vergeben wird, sieht man beim Nachvollziehen des folgenden Beispiels eine andere Prozeßnummer.

Das Kommando

```
$ ls -l &
```

liefert z.B. folgendes Ergebnis:

```
10560

Gesamt 76
-rw-r--r--  1 frank   other      94 Feb 20 12:42 erste.uebung
-rw-r--r--  1 frank   other   18654 Feb 20 12:28 hilfetext
-rw-r--r--  1 frank   other   15798 Feb 20 12:28 1stext.text
```

Durch die Eingabe dieses Kommandos wird ein neuer Prozeß, ein *Tochterprozeß*, erzeugt, der das Inhaltsverzeichnis des aktuellen Verzeichnisses ausgibt. Zu beachten ist dabei, daß Hintergrundprozesse ihre Ausgaben ebenfalls auf die Standardausgabe schreiben. Wenn ein Hintergrundprozeß seine Ergebnisse auf den Bildschirm schreibt, ist diese Ausgabe mit der RETURN-Taste zu bestätigen, um die Eingabebereitschaft des interaktiven Prozesses wieder herzustellen. Aus diesem Grund ist es empfehlenswert, die Ausgabe von Hintergrundprozessen in Dateien umzuleiten, da sonst der Bildschirminhalt leicht unlesbar wird.

```
$ man sh > shell.text &
 14537
```

Dieses Kommando schreibt im Hintergrund die Dokumentation der Standard-Shell in die Datei `shell.text`. Nach der Eingabe des Kommandos gibt die Shell die Prozeßnummer aus, die dem Prozeß zugeordnet wurde. Diese Prozeßnummer kann u.a. dazu verwendet werden, einen Prozeß zu beenden.

Zur Verwaltung von Prozessen gibt es die Kommandos `ps` und `kill`. Das Kommando `ps` dient zur Kontrolle der aktuellen Prozesse. Der Aufruf von `ps` geschieht in der folgenden Form:

```
ps [<Optionen>]
```

Die Optionen dieses Kommandos unterscheiden sich leider sehr stark von System zu System. Auskunft gibt hier in der Regel das Kommando man ps. Die wichtigsten, meist vorhandenen Optionen von ps sind:

- -e

  Informationen über alle Prozesse, auch über die Prozesse anderer Benutzer, werden ausgegeben.

- -f ("full list")

  Die Prozeßinformationen werden in vollständiger Form, z.B. mit Informationen über Argumente, ausgegeben.

- -l ("long list")

  Eine Liste in Langform wird erzeugt.

- -u <Benutzername> ("user")

  Informationen über die aktiven Prozesse des Benutzers mit dem angegebenen Benutzernamen werden ausgeben.

Im folgenden Beispiel sollen Prozeßinformationen über den Benutzer frank in vollständiger Form als Liste in Langform ausgegeben werden.[1]

```
$ ps -flu frank

 F S    UID PID  PPID C PRI NI SZ SZEIT TTY ZEIT KOMM
10 S frank 131   111 0 30  20 17 18:38 sys 0:00 /bin/sh
10 0 frank 145   131 4 62  20 19 18:39 sys 0:00 ps -flu frank
```

Von den oben angeführten Spalten sind für den Anwender die folgenden von unmittelbarem Interesse:

---

[1]Aus Platzgründen wurden die Felder ADDR und WCHAN in der Ausgabe ausgelassen.

`UID`	Anmeldename des Benutzers
`PID`	Prozeßnummer
`PPID`	Prozeßnummer des Vaterprozesses
`SZEIT`	Zeitpunkt, zu dem der Prozeß gestartet wurde
`TTY`	Kennung des Terminals, von dem aus der Prozeß gestartet wurde
`ZEIT`	Laufzeit des Prozesses
`KOMM`	Kommando, das der Prozeß abarbeitet

Interessant bei der Betrachtung des Beispiels ist, daß das Programm `ps` zur Prozeßverwaltung sich selbst in die Liste der aktuellen Prozesse einträgt. Dabei ist der Vaterprozeß des ps-Kommandos die aktive Shell des Benutzers, wie den Spalten `PPID` und `PID` zu entnehmen ist. Prozesse kommunizieren in UNIX miteinander über sogenannte *Signale*. Wichtig für den Anwender sind die Signale zum Beenden von Prozessen. Interaktive Prozesse werden mit der Tastenkombination CONTROL d kontrolliert beendet. Da Hintergrundprozesse jedoch nicht auf Tastatureingaben reagieren, müssen diese Prozesse über ein spezielles Hilfsprogramm beendet werden. Dieses Hilfsprogramm heißt treffenderweise `kill`. Der Aufruf von `kill` geschieht in der folgenden Form:

```
kill [-<Signalnummer>] <PID> ...
```

Die Angabe einer Signalnummer, mit der die "Durchschlagskraft" des `kill`-Kommandos gesteuert wird, kann wahlweise erfolgen. Wenn man keine Signalnummer angibt, werden die angegebenen Prozesse durch die vorgegebene Signalnummer 15 beendet. Prozesse können gegen die Beendigung über `kill` gesperrt werden, indem sie das entsprechende Beendigungssignal abfangen. Sollten sich Prozesse deswegen nicht beenden lassen, empfiehlt sich die Verwendung der Signalnummer 9 für einen "unbedingten" Prozeßabbruch. Bei Angabe der Prozeßnummer 0 werden alle Prozesse des Benutzers beendet.

```
$ kill -9 0
```

beendet alle eigenen Prozesse. Dadurch wird auch die aktuelle Shell beendet, und die Login-Anzeige erscheint wieder.

2.2 Das UNIX-Dateisystem

2.2.1 Zugriffsrechte und Dateiarten

Jeder Datei in UNIX sind bestimmte Zugriffsrechte zugewiesen. Wie bereits erwähnt wurde, werden beim Kommando ls -l genauere Informationen über Einträge in einem Verzeichnis ausgegeben. Abbildung 2.1 stellt diese Informationen dar.

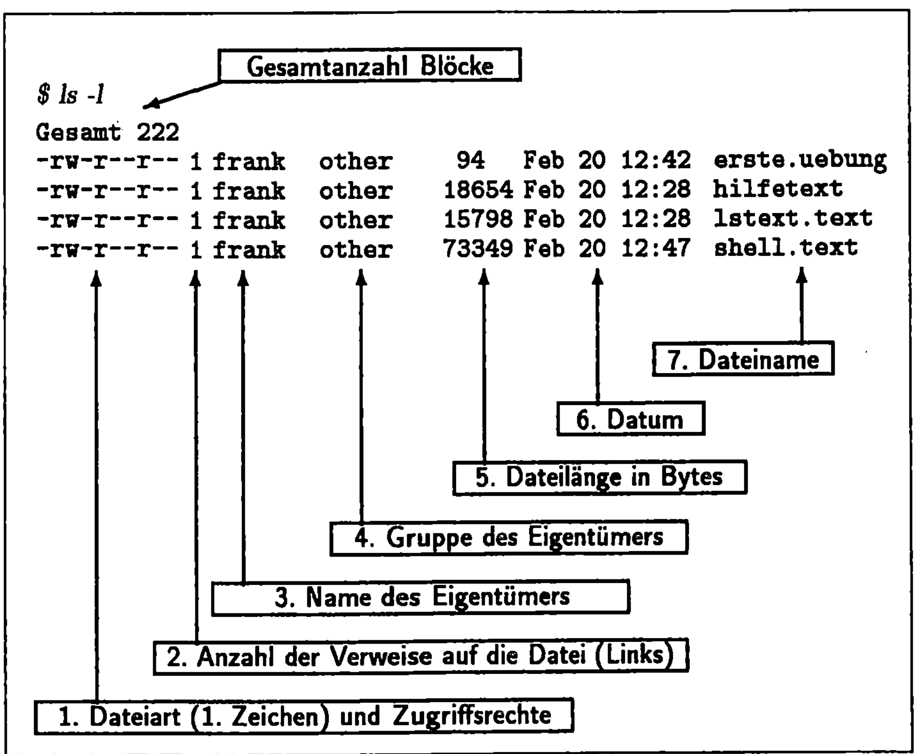

Abbildung 2.1: Ausgabe des ls-Kommandos

Vor der Liste der Einträge wird die Gesamtzahl der von den Dateien und Verzeichniseinträgen belegten Blöcke ausgegeben. Wie in DOS wird in UNIX der Speicherplatz auf Magnetplatten und Disketten blockweise verwaltet. Ein Block ist in UNIX üblicherweise 512 bzw. 1024 Bytes lang.

Das erste Zeichen der Spalte 1 stellt die Dateiart dar. UNIX unterscheidet zwischen fünf Arten von Dateien:

- Eine *reguläre Datei* wird gekennzeichnet durch das Minuszeichen. Sie enthält Daten, z.B. Texte, oder Programmcode, also binäre Daten. Die Struktur regulärer Dateien ist dabei nicht festgelegt. Das kleinste Element einer Datei ist ein Zeichen, dargestellt in einem Byte.

- *Gerätedateien* stellen eine Schnittstelle zu den angeschlossenen Peripheriegeräten dar. Dabei kann der Anwender durch Ansprechen dieser Gerätedateien auf die zugrundeliegenden Geräte zugreifen. Die Dateiart ist dabei b für blockorientierte oder c für zeichenorientierte Gerätedateien. Diese Gerätedateien entsprechen in DOS Bezeichnungen wie LPT1: für die parallele Druckerschnittstelle, CON: für die Tastatur oder COM1: für die serielle Schnittstelle.

- Ein *Verzeichnis* enthält die Namen von Dateien oder weiteren Unterverzeichnissen. Es ist durch die Dateiart d gekennzeichnet.

- Unter *benannten Pipes* versteht man mit dem Kommando mknod angelegte Dateien, die im Gegensatz zu einer "normalen" Pipe von mehreren verschiedenen Programmen zur Steuerung der Datenumleitung zwischen ihnen genutzt werden können. Sie haben die Dateiart p. Sie sollen hier nicht weiter besprochen werden.

- Durch Verweise auf Dateien an anderer Stelle des Dateisystems — sog. *Links* — kann der Benutzer auf diese Dateien so zugreifen, als stünden sie im aktuellen Verzeichnis. Links werden über die Dateiart l identifiziert. In Abschnitt 2.2.2 wird beschrieben, wie man sie anlegt.

Direkt hinter der nicht änderbaren Dateiart werden die Zugriffsrechte der Datei ausgegeben. Wie in Abschnitt 1.3 bereits erwähnt, wird jeder Benutzer beim Eintrag in das System vom Systemadministrator einer Gruppe von Benutzern zugeordnet. Diese Gruppen haben eigene Namen. Einige Systeme lassen auch die Mitgliedschaft in mehreren Gruppen zu. Als Mitglied dieser Gruppe hat der Benutzer alle Rechte, die dieser Gruppe zugeteilt wurden. UNIX differenziert bei den Zugriffsrechten für eine Datei zwischen

- dem einzelnen Benutzer als Eigentümer der Datei,

- der Benutzergruppe, in der sich der Eigentümer befindet

- den anderen Benutzern und

- allen Benutzern.

Für jede dieser Benutzerklassen kann das Lesen, Schreiben und Ausführen einer Datei zugelassen oder verboten werden. Dabei steht:

- r für Leseerlaubnis

- w für Schreiberlaubnis

- x für Ausführungserlaubnis

- - für die nicht vorhandene Erlaubnis

Die Zugriffsrechte werden wie folgt gelesen:

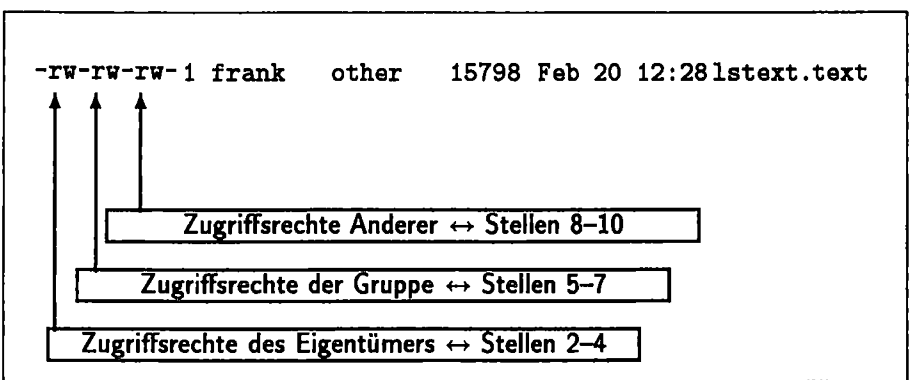

Abbildung 2.2: Zugriffsrechte

In diesem Beispiel hätten alle Benutzer die Erlaubnis, die Datei `1stext.text` zu lesen und zu schreiben. Daß es sich bei dieser Datei um eine reine Textdatei handelt, erkennt man an dem Minuszeichen in Spalte 4; es gibt keine Ausführungsrechte.

```
-rw-r--r-- 1 frank  other 15798 Feb 20 12:28 1stext.text
```

Bei dieser Datei hätten alle Anwender die Erlaubnis zum Lesen der Datei. Nur der Eigentümer `frank` kann die Datei löschen oder modifizieren, da nur er die Schreibberechtigung besitzt.

```
-rw------- 1 frank  other 15798 Feb 20 12:28 lstext.text
```

Diese Datei kann nur noch vom Eigentümer gelesen und geschrieben werden. Alle anderen Benutzer können nicht auf diese Datei zugreifen. Durch diese Kombination von Zugriffsrechten kann man eigene Dateien vor dem Zugriff anderer Benutzer schützen.

Bei Verzeichnissen werden die Rechte zum Lesen, Schreiben und Ausführen etwas anders interpretiert. Das Leserecht r bedeutet, daß das Verzeichnis von der entsprechenden Benutzerklasse gelesen werden kann. Das Schreibrecht w hat zur Folge, daß die entsprechende Benutzerklasse Verzeichniseinträge anlegen und entfernen kann. Das bedeutet nicht, daß die Mitglieder dieser Benutzerklasse damit automatisch auch Dateien in diesem Verzeichnis ändern dürfen. Umgekehrt gilt, daß dann das Löschen einer Datei, für die kein Schreibrecht existiert, möglich ist; es erfolgt allerdings vorher eine Warnmeldung, und das Löschen muß bestätigt werden. Das Ausführungsrecht x erlaubt der entsprechenden Benutzerklasse den Zugriff auf die Dateien, die in diesem Verzeichnis liegen. Hat ein Benutzer z.B. lediglich das Ausführungsrecht an einem Verzeichnis, so kann er zwar Dateien aus diesem Verzeichnis mittels anderer Programme nutzen, sich aber keinen Überblick über das Verzeichnis z.B. durch das Kommando ls verschaffen.

Zum Ändern von Zugriffsrechten dient das Kommando chmod.

```
chmod [-R] <Modus> {<Dateiname>...|<Verzeichnisname>...}
```

Der Modus besteht aus drei Teilen:

```
<Klasse>...<Operator><Zugriffsrechte>...
```

- Durch <Klasse> wird die Menge der Benutzer angegeben, für die die Zugriffsrechte eingestellt werden sollen. Die Kennung u meint die Eigentümer ("user"), g die Gruppe ("group"), o die Anderen ("other") und a alle Benutzer ("all").

- Durch <Operator> wird die Art der Rechteveränderung beschrieben. + bedeutet, Rechte hinzuzufügen zu den bereits vorhandenen Rechten, - bedeutet, Rechte zu entziehen, und = bedeutet, diese Rechte als neue Zugriffsrechte zu vergeben und die vorhandenen Rechte zu überschreiben.

- Dazu können die bekannten Zugriffsrechte `r`, `w` und `x` vergeben werden.

Es können auch mehrere Angaben gleichzeitig gemacht werden, indem die Kennungen direkt hintereinander geschrieben werden, z.B. `rw`, wenn gleichzeitig Lese- und Schreibrechte erteilt werden sollen oder `go`, wenn die Angabe sowohl für die Gruppe als auch für alle anderen Benutzer gelten soll. Zwischen den Angaben dürfen keine Leerzeichen auftreten. Bei Angabe der Option `-R` ("recursive") werden auch die Zugriffsrechte aller im angegebenen Verzeichnis befindlichen Dateien und Unterverzeichnisse auf die im Modus angegebene Art und Weise geändert.

Neben dieser soeben beschriebenen *symbolischen Angabe* des Modus ist auch eine *absolute Angabe* der Zugriffsrechte möglich. Dabei werden Informationen über die Zugriffsrechte als drei Oktalzahlen angegeben. Diese Oktalzahlen ergeben sich dadurch, daß man in der Beschreibung der Zugriffsrechte in jedem Teil der Dreiergruppe das vorhandene Recht durch eine 1 und das nicht vorhandene Recht durch eine 0 ersetzt und die so erhaltenen Dualzahlen als Oktalzahl formuliert. `rw-rw-rw-` ergibt z.B. 110 110 110 oder oktal 666, `rwx------` ergibt 111 000 000 oder oktal 700.

Die Änderung der Zugriffsrechte soll an einigen Beispielen demonstriert werden. Die Wirkung des `chmod`-Kommandos kann dabei stets durch das Kommando `ls -l <Dateiname>` kontrolliert werden.

Die Leseberechtigung für alle Benutzerklassen wird entzogen.

```
$ chmod a-r hilfetext
$ ls -l hilfetext
```

```
--w-------  1 frank   other   18654 Feb 20 12:28 hilfetext
```

Der Gruppe des Eigentümers und den Anderen wird das Lesen und Schreiben der Datei erlaubt.

```
$ chmod go+rw hilfetext
$ ls -l hilfetext
```

```
--w-rw-rw-  1 frank   other   18654 Feb 20 12:28 hilfetext
```

Um die Datei wieder für den Eigentümer in einen lesbaren Zustand zu überführen, verwendet man das folgende Kommando:

```
$ chmod u=rw hilfetext

$ ls -l hilfetext


-rw-rw-rw-   1 frank   other   18654 Feb 20 12:28 hilfetext
```

Diesen Zustand hätte man auch durch die absolute Angabe des Modus herbeiführen können.

```
$ chmod 666 hilfetext

$ ls -l hilfetext


-rw-rw-rw-   1 frank   other   18654 Feb 20 12:28 hilfetext
```

Die Zugriffsrechte werden erstmalig beim Erzeugen einer Datei oder eines Verzeichnisses gesetzt. Welche Rechte standardmäßig ausgeschlossen werden, kann mit dem Kommando umask kontrolliert und eingestellt werden:

```
umask [<nnn>]
```

Das Argument nnn gibt den Modus für die auszuschließenden Rechte in der oben beschriebenen Form als Oktalzahl an; d.h. der tatsächliche Modus ergibt sich durch Subtraktion des Wertes beim Kommando umask von der Oktalzahl 666. Nach der Ausführung dieses Kommandos werden alle vom Benutzer neu angelegten Dateien und Verzeichnisse beim Anlegen mit den entsprechenden Zugriffrechten ausgestattet. Die Verwendung des Kommandos ohne Argument zeigt die momentane Einstellung an.

```
$ umask

022
```

Diese Angabe bedeutet z.B., daß beim Anlegen einer Datei für den Benutzer Lese- und Schreibrechte vergeben werden, da wegen der Null bei der ersten Oktalzahl der Dreiergruppe keine Rechte ausgeschlossen werden. Die Gruppe und die Anderen erhalten dementsprechend nur Leserechte.

Einige UNIX-Kommandos erlauben ein Abweichen von dieser Voreinstellung, wenn der andere Modus in einer Option angegeben wird. Das Kommando `mkdir` hat die Option `-m <Modus>`, `cp` übernimmt bei der Option `-p` ("preserve") das Änderungsdatum und die Zugriffsrechte der Quelle, was in DOS standardmäßig geschieht.

In DOS gibt es zum Ändern von Dateiattributen den Befehl `ATTRIB`. Allerdings sind dort verschiedene Benutzer bzw. Gruppen nicht vorgesehen. Das Setzen einer DOS-Datei auf "read only" entspricht in UNIX dem Entzug der Schreibberechtigung.

Zum Ändern der Eigentümerzugehörigkeit von Dateien dient das Kommando `chown` für "change owner". Der Aufruf dieses Kommandos geschieht wie folgt:

```
chown [<Optionen>] <Eigentuemer>
      {<Dateinamen>...|<Verzeichnisnamen>...}
```

`chown` ändert den alten Eigentümer von Dateien oder Verzeichnissen zum angegebenen Eigentümer. Der Eigentümer kann entweder eine Benutzernummer oder ein gültiger Benutzername sein. Nur der Eigentümer einer Datei oder der Systemverwalter kann den Eigentümer dieser Datei ändern. Als Option ist auch hier u.a. `-R` in analoger Funktionalität wie bei `chmod` vorgesehen. Da DOS keine Benutzer kennt, gibt es dort keine dem `chown` entsprechenden Kommandos.

Hat man z.B. die Datei `hilfetext` im Verzeichnis bearbeitet und will nun den Benutzer `jan` als Eigentümer einstellen, so gibt man an:

```
$ chown jan hilfetext
$ ls -l

Gesamt 222
-rw-r--r--  1 frank   other        94 Feb 20 12:42 erste.uebung
-rw-rw-rw-  1 jan     other     18654 Feb 20 12:28 hilfetext
```

```
-rw-r--r--  1 frank   other   15798 Feb 20 12:28 lstext.text
-rw-r--r--  1 frank   other   73349 Feb 20 12:47 shell.text
```

Danach kann der Benutzer `frank` natürlich nicht mehr den Eigentümer der Datei ändern. Er kann also diese Änderung nicht mehr rückgängig machen. Die Änderung der Gruppenzugehörigkeit ist i.d.R. dem Systemadministrator vorbehalten.

Fehlende Zugriffsrechte machen sich insbesondere bemerkbar, wenn ein Benutzer über ein Anwendungsprogramm auf Dateien oder Verzeichnisse zugreifen möchte. Wenn das Anwendungsprogramm keine anderen detaillierten Fehlerhinweise gibt, ist die Ursache oft bei fehlenden Zugriffsrechten zu suchen. Weitere Informationen zum umfangreichen Gebiet der Datensicherheit in UNIX findet der interessierte Leser etwa in [Garfinkel, Spafford].

2.2.2   Verweise auf Dateien — Links

Unter einem *Link* versteht man einen Eintrag in einem Verzeichnis, der auf eine andere Datei oder ein anderes Verzeichnis verweist. Jede Arbeit mit der Datei bzw. dem Verzeichnis, auf die verwiesen wird, kann sowohl mit dem Original-Datei- bzw. Verzeichnisnamen als auch mit dem Namen des Verweises vorgenommen werden. Man vergibt sozusagen einer Datei oder einem Verzeichnis einen zweiten Namen. Der verwandte DOS-Befehl lautet `APPEND`.

Das Kommando zum Anlegen eines Verweises hat folgende Form:

```
ln [<Optionen>] <Quelle> <Ziel>
```

Ist `<Quelle>` ein Dateiname, so gibt er die Datei an, auf die verwiesen werden soll; ist `<Quelle>` ein Verzeichnisname, muß die Option `-s` ("symbolic") verwendet werden. Ist `<Ziel>` der Name eines bereits bestehenden Verzeichnisses, so wird darin der Verweis unter dem Namen der `<Quelle>` angelegt. Andernfalls wird er im aktuellen Verzeichnis unter dem Namen `<Ziel>` erzeugt. Verweise erscheinen im Verzeichnis wie normale Dateien und werden mit dem normalen Löschkommando `rm` bzw. `rmdir` wieder gelöscht.

Im folgenden soll das Anlegen und Verwenden von Verweisen demonstriert werden. Auf die Datei `erste.uebung` soll auch mit dem Namen `erster.verweis` verwiesen werden, ohne daß die Datei dupliziert wird.

```
$ ln erste.uebung erster.verweis
```

```
$ ls -l er*
```

```
-rw-r--r--   2 frank   other     94 Feb 20 12:42 erste.uebung
-rw-r--r--   2 frank   other     94 Feb 20 12:42 erster.verweis
```

Erkennbar ist der Verweis in der Ausgabe des `ls`-Kommandos. In der 2. Spalte ist die Anzahl der Verweise eingetragen. So enthalten die Dateien `erste.uebung` und `erster.verweis` je zwei Verweise. Mittels des `more`-Kommandos kann man sich leicht von der Gleichheit der Ursprungsdatei und des Verweises darauf überzeugen.

```
$ more erste.uebung
```

```
Hier geben Sie Text im vi ein;
wenn Sie mit der Texteingabe fertig
sind, druecken Sie ESCAPE.
```

```
$ more erster.verweis
```

```
Hier geben Sie Text im vi ein;
wenn Sie mit der Texteingabe fertig
sind, druecken Sie ESCAPE.
```

Für weitere Operationen mit den Dateien ist es unerheblich, ob die ursprüngliche Datei `erste.uebung` gelöscht wird. Wenn dies geschieht, bleibt die Datei `erster.verweis` mit dem kompletten Inhalt und nur mehr einem Verweis erhalten:

```
$ rm erste.uebung
```

```
$ ls -l er*
```

```
-rw-r--r--  1 frank  other      94 Feb 20 12:42 erster.verweis
```

Der ursprüngliche Zustand wird wieder hergestellt:

```
$ mv erster.verweis erste.uebung
```

Ein Verweis auf das Verzeichnis `/etc` soll gesetzt werden. Der Name des Verweises ist `sonst`.

```
$ ln -s /etc sonst
$ ls -l sonst
```

```
lrwxrwxrwx  1 frank  other       4 Feb 20 12:58 sonst -> /etc
```

Das l in der ersten Spalte identifiziert diesen Eintrag als einen Verweis. Der letzte Verweis soll wieder gelöscht werden.

```
$ rm sonst
```

2.2.3   Suchen nach Dateien im Dateisystem

Eine von DOS bekannte Schwierigkeit ist das Finden von Dateien in einem umfangreichen Dateisystem. In UNIX dient zum Suchen nach Dateien das Kommando `find`. Es durchläuft für jeden angegebenen Verzeichnisnamen alle entsprechenden Unterverzeichnisse, um Dateien zu finden, deren Eigenschaften in Form von Ausdrücken näher beschrieben werden. Der Aufruf von `find` geschieht in der folgenden Form:

```
find <Verzeichnisname> ... <Ausdruck> <Optionen>
```

Der Verzeichnisname gibt an, auf welches Verzeichnis einschließlich eventuell vorhandener Unterverzeichnisse sich die Suche beschränken soll. Der Ausdruck spezifiziert die Eigenschaften der bei der Suche zu berücksichtigenden Dateien, die Optionen geben an, was mit den gefundenen Dateien zu tun ist. Der Ausdruck setzt sich aus sogenannten Elementarausdrücken zusammen, die jeweils eine Eigenschaft spezifizieren. Folgende Elementarausdrücke finden häufig Verwendung:

- `-name <Dateiname>`
  Hierdurch wird ein Muster für die Namen der zu suchenden Dateien angegeben. Dies kann direkt ein Dateiname sein oder ein Ausdruck, um eine Gruppe von Dateien analog zu den Platzhalterzeichen in DOS (*, ?) zu beschreiben.

- `-type <Typ>`
  Hierdurch wird der Typ der zu suchenden Datei angegeben. Dabei darf Typ die aus Abschnitt 2.2.1 bekannten Werte für die Dateiart annehmen. Lediglich eine reguläre Datei wird abweichend mit f gekennzeichnet.

- `-user <Benutzername>`
  Der Benutzername gibt an, welchem Benutzer die zu suchenden Dateien gehören dürfen.

- `-group <Gruppenname>`
  Der Gruppenname gibt an, welcher Gruppe die zu suchenden Dateien gehören dürfen.

Werden Elementarausdrücke durch Leerzeichen getrennt angegeben, so werden sie durch ein logisches UND verknüpft, d.h. eine Datei entspricht dem Ausdruck, wenn sie alle Eigenschaften hat, die in den Elementarausdrücken spezifiziert sind. Werden Elementarausdrücke durch `-o` getrennt, dann entspricht dies dem logischen ODER, eine Verneinung erfolgt durch Angabe von !, auch Klammerung mit ( ) ist erlaubt. Ausgewertet werden Klammern vor Negation, UND und ODER.

Folgende Optionen sind wichtig, wenn angegeben werden soll, was mit den gefundenen Dateien geschehen soll.

- `-print`
  Hierdurch wird die Ausgabe des Namens aller gefundenen Dateien auf der Standardausgabe veranlaßt. Wird diese Option weggelassen, so werden gefundene Dateien nicht angezeigt. Sie sollte daher beim interaktiven Arbeiten immer angegeben werden.

- `-exec <Kommando>`
  Das angegebene Kommando wird für alle gefundenen Dateien ausgeführt. Der aktuelle Dateiname wird dabei angezeigt. Wird `-ok` statt `-exec` verwendet, dann wird bei jeder gefundenen Datei vor der

Befehlsausführung vom Benutzer eine Bestätigung eingeholt. Damit die gefundene Datei als Argument an das Kommando übergeben wird, muß das Kommando auf die Zeichenfolge "{} \;" enden.

Im aktuellen Verzeichnis und dessen Unterverzeichnissen soll z.B. nach Dateien mit der Endung `.text` gesucht werden; die gefundenen Dateinamen sollen auf dem Bildschirm ausgegeben werden:

$ *find . -name "*.text" -print*

```
./1stext.text
./shell.text
```

Das Hauptverzeichnis soll rekursiv nach weiteren Unterverzeichnissen durchsucht werden; diese sollen auf dem Bildschirm ausgegeben werden. Mit diesem Aufruf des Kommandos läßt sich das DOS-Kommando TREE simulieren.

$ *find / -type d -print*

```
/
/lost+found
/etc
/etc/default
/etc/initprog
/etc/fs
/etc/fs/s5
/etc/fs/bfs
/etc/fs/ufs
/etc/fs/events
/etc/fs/fdfs
/etc/fs/proc
/etc/fs/XENIX
/etc/ap
/etc/acct
/etc/conf
...
```

Das gesamte Dateisystem soll ausgehend vom Verzeichnis `usr` rekursiv nach Dateien durchsucht werden, die dem Benutzer `frank` gehören. Die Ausgabe soll auf dem Bildschirm erfolgen.

```
$ find /home -user frank -print
```

```
/home/frank
/home/frank/.profile
/home/frank/shell.text
/home/frank/erste.uebung
/home/frank/1stext.text
```

Die Datei `hilfetext` erscheint hier nicht in der Liste, da ihr im Abschnitt 2.2.1 ein neuer Eigentümer zugeordnet wurde. Bei der Ausführung von `find` können Fehlermeldungen erscheinen, wenn keine Zugriffsrechte auf Dateien oder Verzeichnisse vorliegen.

Ausgehend vom Stammverzeichnis des Benutzers soll das Programm `more` mit jeder Textdatei aufgerufen werden, das sich im Verzeichnisbaum von `frank` befindet:

```
$ find /home/frank -name *.text -print -exec more {} \;
```

```
/home/frank/1stext.text
```

```
   <Hier erfolgt der more-Aufruf mit 1stext.text>
```

```
/home/frank/shell.text
```

```
   <Hier erfolgt der more-Aufruf mit shell.text>
```

2.3 Umgebungsvariablen

2.3.1 Arbeiten mit Umgebungsvariablen

Ähnlich wie bei den SET-Variablen in DOS können bei den Shells in UNIX Variablen verwendet werden, um Werte zu speichern, Einstellungen festzulegen etc. UNIX unterscheidet dabei zwei Arten von Variablen, die *lokalen Variablen* und die *Umgebungsvariablen*. Die lokalen Variablen gehören zu genau einem Programm oder einer Shell und sind nur so lange gesetzt, wie das Programm oder die Shell aktiv sind. Nach dem Programm- oder Shellende sind sie nicht mehr verfügbar. Sie werden vor allem in Shell-Skripten, die in Abschnitt 3.4 beschrieben werden, verwendet. Diese lokalen Variablen werden vom Benutzer gesetzt oder aus den Umgebungsvariablen kopiert.

Umgebungsvariable gehören zu einer UNIX-Sitzung und werden automatisch in die Umgebung eines jeden Programms übergeben, das als Teil dieser Sitzung arbeitet. Sie sind damit das geeignete Hilfsmittel, um den aus einer Shell heraus gestarteten Programmen den Terminaltyp, das Stammverzeichnis, den Namen des Benutzers, die verwendete Sprache, das Format von Datum und Uhrzeit usw. mitzuteilen. Viele dieser Informationen sind in DOS in den Dateien `CONFIG.SYS` und `AUTOEXEC.BAT` zu finden. Nach dem Anmelden am System, also dem Beginn der Sitzung, sind aufgrund eines entsprechenden Eintrags in die im Abschnitt 2.4 besprochenen Profildateien i.d.R. die unten aufgeführten Umgebungsvariablen gesetzt. Der Systemadministrator hat oft weitere hinzugefügt. Die Variablen unterscheiden sich in Abhängigkeit von der Shell.

Typische Umgebungsvariablen der Standard-Shell sind:

- `TERM` enthält den Terminaltyp, der in der Sitzung benutzt wird. Diese Variable wird in Abschnitt 2.3.3 weiter beschrieben.

- `LOGNAME` enthält den Benutzernamen des aktuellen Benutzers.

- `HOME` enthält das Stammverzeichnis des Benutzers.

- `PATH` enthält den Suchpfad für Kommandos. Näheres hierzu enthält Abschnitt 2.3.2.

- `CDPATH` enthält den Suchpfad für den cd-Befehl.

- `MAIL` gibt eine Datei für die elektronische Post an.

- `PS1` gibt die primäre Eingabeaufforderung an, den Prompt. Standard ist $.

- `PS2` gibt die sekundäre Eingabeaufforderung an. Standard ist >.

- `IFS` enthält die internen Feldtrennzeichen.

- `SHELL` enthält den Namen der Datei, die den Kommandoprozessor enthält.

Dabei ist die Großschreibung verbindlich.

In der C-Shell sind folgende Umgebungsvariablen typisch:

- `term` enthält den Terminaltyp, der in der Sitzung benutzt wird. Diese Variable wird in Abschnitt 2.3.3 weiter beschrieben.

- `user` enthält den Benutzernamen des aktuellen Benutzers.

- `cdpath` enthält den Suchpfad für den cd-Befehl.

- `history` gibt die Größe des Befehlspuffers als Zahl an.

- `home` enthält das Stammverzeichnis des Benutzers.

- `mail` gibt den Dateinamen für Post an.

- `path` enthält den Suchpfad für Kommandos. Näheres hierzu enthält Abschnitt 2.3.2.

- `prompt` ist die Eingabeaufforderung der C-Shell. Standard ist %.

- `shell` enthält den Namen der Datei, die den Kommandoprozessor enthält.

Dabei ist die Kleinschreibung vorgeschrieben.

Welche Umgebungsvariablen momentan vorhanden sind und welche Werte sie besitzen, erkennt man bei der Standard-Shell und bei der C-Shell durch Eingabe von

```
$ env
```

Die Ausgaben des env-Befehls hängen selbstverständlich von den vorliegenden Systemeinstellungen ab. Das Kommando könnte z.B. die folgende Ausgabe liefern:

```
HOME=/home/frank
HZ=100
LANG=german
LOGNAME=frank
MAIL=/var/mail/frank
```

```
NLSPATH=/usr/lib/locale/%l/LC_MESSAGES/%N.msg
PATH=/usr/bin:/usr/ucb
SHELL=/sbin/sh
TERM=AT386-M
TERMCAP=/etc/termcap
TZ=MEZ-1MSZ
PWD=/home/frank
```

Bei der C-Shell wären die Variablennamen mit kleinen Buchstaben geschrieben.

Die Einstellung von Umgebungsvariablen ist von der verwendeten Shell abhängig. Bei der Standard-Shell muß man zunächst durch eine einfache Zuweisung eine lokale Variable definieren und gleichzeitig mit einem Wert belegen:

```
<Name>=<Wert>
```

Um sie zu einer Umgebungsvariablen zu machen, muß man sie anschließend mit dem Kommando **export** exportieren.

```
export <Name>
```

Erst nach dem Exportieren ist die lokale Variable außerhalb der momentan aktuellen Shell bekannt und kann so z.B. von aufgerufenen Programmen ausgewertet werden. Das Ändern des Wertes einer Umgebungsvariablen erreicht man durch Zuweisen des neuen Wertes mit anschließendem Export. Gelöscht wird eine Umgebungsvariable mit dem Kommando unset:

```
unset <Name>
```

Verwendet man die C-Shell, geschieht die Einstellung einer Umgebungsvariablen mit dem folgenden Befehl:

```
setenv <Name> <Wert>
```

Dieser Befehl setzt direkt eine Umgebungsvariable; das Exportieren ist daher nicht erforderlich. Variable werden durch erneutes Setzen mit anderem Wert geändert und mit dem Kommando **unsetenv** entfernt.

```
unsetenv <Name>
```

In der Standardshell verläuft das konkrete Setzen der Umgebungsvariablen TERM z.B. wie folgt. Achtung: Vorher sollte man sich die bisherige Einstellung merken.

```
$ TERM=ansi

$ export TERM
```

Dabei muß darauf geachtet werden, daß zwischen dem Gleichheitszeichen und den beiden Operanden keine Leerzeichen stehen. Das Ergebnis kann mit dem env-Kommando kontrolliert werden:

```
$ env


HOME=/home/frank
HZ=100
LANG=german
LOGNAME=frank
MAIL=/var/mail/frank
NLSPATH=/usr/lib/locale/%1/LC_MESSAGES/%N.msg
PATH=/usr/bin:/usr/ucb
SHELL=/sbin/sh
TERM=ansi
TERMCAP=/etc/termcap
TZ=MEZ-1MSZ
```

Die gleiche Aufgabe wie oben wird bei der C-Shell wie folgt gelöst:

```
% setenv TERM ansi
```

Sofern man nicht an einem ANSI-kompatiblen Terminal arbeitet, werden bildschirmorientierte Programm, z.B. vi, nicht mehr korrekt ablaufen. Die TERM-Variable sollte daher wieder zurückgesetzt werden. Wenn man den alten Wert der TERM-Variablen nicht mehr kennt, kann man durch Abmelden mittels CONTROL d und erneutes Anmelden den korrekten Wert der TERM-Variablen wiederherstellen.

Die Shells erlauben neben den vordefinierten Umgebungsvariablen auch die beliebige Definition von eigenen Umgebungsvariablen, auf die Anwendungen zugreifen können. Dies machen sich häufig Anwendungsprogramme zu Nutze, um die Einstellung von Parametern wie Datums- und Zeitformat, Währungssymbol, Verzeichnissen für Hilfetexte etc. flexibel zu gestalten. Eigene Umgebungsvariable werden genau wie die vordefinierten Variablen gesetzt. Die Verwendung deutscher Bezeichnungen verhindert dabei die Kollision mit bereits vergebenen Systemvariablen.

Wenn man aus der Shell heraus auf den Inhalt von Umgebungsvariablen zugreifen will, so gibt man den Variablennamen mit einem $-Zeichen davor an. Die Shell ersetzt ("expandiert") dann bei der Kommandoausführung sämtliche mit $ gekennzeichneten Variablennamen durch die aktuellen Werte. In DOS erfolgt dies durch %<Variablenname>%. Die Anzeige von Werten von Variablennamen erfolgt durch das Kommando echo. Dies sei an Hand der von UNIX vordefinierten Variablen HOME und TERM sowie an der selbsterstellten Variablen TESTDATEI erläutert:

```
$  cd $HOME

$  echo $TERM

ansi

$  TESTDATEI=erste.uebung

$  cat $TESTDATEI


Hier geben Sie Text im vi ein;
wenn Sie mit der Texteingabe fertig
sind, druecken Sie ESCAPE.
```

Umgebungsvariablen existieren während der Lebensdauer der Sitzung, in der sie erzeugt wurden. Wenn man Umgebungsvariablen ständig benutzen möchte, muß man dafür Sorge tragen, daß sie beim Start einer Sitzung automatisch gesetzt werden. Dies ist in Abschnitt 2.4 beschrieben.

2.3.2   Suchpfad für Kommandos

Analog zu DOS gibt es auch in UNIX die Notwendigkeit, dem Kommandoprozessor mitzuteilen, in welchen Verzeichnissen bei der Suche nach ausführbaren Dateien nachzusehen ist, wenn man die aufzurufene Programmdatei nicht explizit in Form eines qualifizierten Dateinamens angeben will. Hierzu muß man die Umgebungsvariable PATH setzen und als Wert eine Liste der Verzeichnisse angeben. Die Verzeichnisse der Liste werden mit dem Doppelpunkt getrennt, Leerzeichen sind verboten. Im Gegensatz zu DOS gibt es kein eigenes Kommando für diese Aufgabe.

```
$ PATH=/usr/ucb:/home/frank
$ export PATH
```

Typischerweise werden für jedes Anwendungsprogramm mehrere Verzeichnisse an den vorhandenen Pfad angehängt. Dies kann dann geschickt durch Rückgriff auf die vorhandene Umgebungsvariable erledigt werden. Hat man als als Benutzer beispielsweise das Verzeichnis /home/frank/bin angelegt und dort eigene Programme abgelegt, kann man mit der folgenden Befehlsfolge den oben gesetzten Suchpfad auf dieses Unterverzeichnis ausdehnen:

```
$ PATH=$PATH:/home/frank/bin
$ export PATH
$ echo $PATH
/usr/bin:/usr/ucb:/home/frank:/home/frank/bin
```

Normalerweise hat der Systemadministrator für alle Benutzer einen Suchpfad eingestellt, der auf das konkrete System zugeschnitten ist. An diesen sollte man seine eigenen Verzeichnisse in der eben beschriebenen Weise anhängen. Ein analoges Kommando zum DOS-Kommando APPEND, mit dem die Dateisuche über eine Liste von Verzeichnissen ausgedehnt werden kann, gibt es in UNIX nicht.

2.3.3 Terminaleinstellung mit der Umgebungsvariablen TERM

Jedem Benutzer, der sich am System anmeldet, wird automatisch ein bestimmter Terminaltyp zugewiesen, den der Systemadministrator festgelegt hat. Dies ist i.d.R. der Typ des Terminals, das beim Benutzer vorhanden ist oder dort durch Emulationssoftware simuliert wird.

Falls bei der Anwendung von bildschirmorientierten Programmen wie z.B. dem Editor vi nur unleserliche Zeichen auf dem Bildschirm erscheinen oder wenn eine Meldung erscheint, sobald vi aufgerufen wird, daß vi nicht im bildschirmorientierten Modus ablaufen kann, so ist häufig der Terminaltyp falsch eingestellt. In diesem Fall sollte zuallererst die Einstellung der Umgebungsvariablen TERM, die den Terminaltyp enthält, überprüft und ggf. korrigiert werden. Die folgende Vorgehensweise sollte dabei berücksichtigt werden.

1. Der tatsächlich vorhandene Terminaltyp oder die Emulation ist festzustellen, z.B. durch einen Blick auf das Typenschild oder durch Nachfragen beim Systemadministrator.

2. Der im Betriebssystem eingestellte Terminaltyp ist festzustellen mit

   ```
   $ echo $TERM
   ```

   oder mit

   ```
   % env
   ```

3. Sind eingestellter Terminaltyp und vorhandener Terminaltyp identisch, sollte vi im bildschirmorientierten Modus ablaufen können. Ist dies nicht der Fall, sollte der Systemadministrator benachrichtigt werden.

4. Weicht die Einstellung von TERM vom vorhandenen Terminal ab, so sollte untersucht werden, ob das Terminal vom UNIX-System überhaupt unterstützt wird. Für jedes unterstützte Terminal legt UNIX in einem fest bestimmten Verzeichnis eine Datei an. Soll etwa kontrolliert werden, ob das Terminal vom Typ vt100 unterstützt wird, so geschieht dies wie folgt:

   ```
   $ cd /usr/lib/terminfo
   ```

Ab diesem Unterverzeichnis legt UNIX die Informationen für Terminals ab. Dabei enthält dieses Verzeichnis für jeden Buchstaben und jede Ziffer ein Unterverzeichnis. In diesen Unterverzeichnissen sind die jeweiligen Dateien abgelegt, die die Eigenschaften von Terminals beschreiben. Um beispielsweise die Datei für das Terminal vt100 zu suchen, dessen Name mit v beginnt, gibt man ein:

```
$ cd /usr/lib/terminfo/v
$ ls
```

Danach werden die entsprechenden Dateien für alle Terminalty-pen ausgegeben, deren Namen mit dem Buchstaben **v** beginnen. Die verfügbaren Dateien sind von dem jeweiligen UNIX-System abhängig. Z.B. erscheint folgende Liste:

```
vanilla     venix     vic     vic20
virtual     vt100
```

5. Wurde ein Terminaltyp ermittelt, auf den die Umgebungsvariable `TERM` eingestellt werden soll, wie beispielsweise `vt100`, so geschieht dies folgendermaßen:

Für die Standard-Shell gilt

```
$ TERM=vt100
$ export TERM
```

Für die C-Shell gilt

```
% setenv TERM vt100
```

Wird die Umgebungsvariable `TERM` auf diese Art geändert, so ist die Änderung nur für die Dauer der aktuellen Sitzung wirksam. Will man diese Änderungen permanent machen, so muß man sie vor Beginn jeder Sitzung eingeben. Die nun zu besprechenden Profildateien dienen dazu, diese Arbeit zu automatisieren.

2.4   Die Profildateien

2.4.1   Die Profildatei der Standard-Shell

Wenn sich ein Benutzer am System anmeldet und diesem nicht von vornherein eine andere Shell zugeordnet wurde, dann arbeitet er mit der Standard-Shell. Analog zur Datei `AUTOEXEC.BAT` in DOS hat der Benutzer die Möglichkeit, in einer *Profildatei* Befehle zu sammeln, die beim Anmelden ausgeführt werden sollen. In der Standard-Shell hat diese Datei den Namen `.profile` und befindet sich im Stammverzeichnis des Benutzers. `.profile` ist also eine versteckte Datei und wird beim Betrachten des Inhaltsverzeichnisses mit `ls` nicht angezeigt; sie erscheint nur bei Verwendung von `ls -a` am Bildschirm. Dennoch kann eine Profildatei mit jedem beliebigen Editor angelegt werden. Ein Beispiel für eine Profildatei soll hier erzeugt werden. Bevor man dieses ausprobiert, sollte die derzeit aktuelle Version von `.profile` falls vorhanden umbenannt werden, so daß diese nach der Übung wieder zur Verfügung steht.

1. Die Profildatei muß im Stammverzeichnis des Benutzers liegen:

   $ *cd*

2. Falls vorhanden, wird sie umbenannt.

   $ *mv .profile .profile.sik*

3. Der Editor wird aufgerufen:

   $ *vi .profile*

4. und der Eingabemodus eingestellt:

   1 *a*

5. Danach wird der Dateiinhalt eingegeben; jede Zeile wird mit RETURN abgeschlossen:

   1 *# Profil-Datei für frank*
   2 *# Hinweis: Doppelkreuze kennzeichnen Kommentarzeilen.*
   3 *# Schauen, wer noch eingeloggt ist*
   4 *who*
   5 *# Verändern der Eingabeaufforderung*
   6 *PS1="$LOGNAME > "*
   7 *export PS1*
   8 *# Verlängern des Suchpfades für Kommandos*
   9 *PATH=$PATH:/home/frank:/home/frank/bin*
   10 *export PATH*
   11 *# Einige begrüssende Worte*

> 12 *echo Hallo, Frank*
> 13 *# Datum und Uhrzeit anzeigen*
> 14 *date*

6. Nach Eingabe der letzten Zeile wird mit [ESC] in den Kommandomodus gewechselt:

> 15 [ESC]

7. Die Datei wird gespeichert, und der Editor wird verlassen:

> *:wq*[RETURN] oder *ZZ*

Das Ergebnis der Arbeit sollte im Stammverzeichnis zu sehen sein. Da
der Name der Datei mit einem Punkt beginnt, ist sie normalerweise
unsichtbar. Dies ist bei der Angabe der Optionen für das `ls`-Kommando
zu berücksichtigen.

```
$ ls -la
```

```
Gesamt 230
drwxr-xr-x  2 frank   other     192 Feb 20 13:24 .
drwxr-xr-x  9 root    root      144 Feb 20 12:14 ..
-rw-r--r--  1 frank   other     357 Feb 20 13:29 .profile
-rw-r--r--  1 frank   other     144 Feb 20 11:40 .profile.sik
-rw-r--r--  1 frank   other      94 Feb 20 12:42 erste.uebung
-rw-rw-rw-  1 jan     other   18654 Feb 20 12:28 hilfetext
-rw-r--r--  1 frank   other   15798 Feb 20 12:28 lstext.text
-rw-r--r--  1 frank   other   73349 Feb 20 12:47 shell.text
```

Um die Ausführung der Profildatei nachvollziehen zu können, muß man
sich vom System abmelden und erneut anmelden. Dabei sollten nun
als Systemmeldungen die derzeit aktiven Benutzer, die Begrüßung und
Datum und Uhrzeit erscheinen und die Eingabeaufforderung um den
Benutzernamen erweitert sein. Wenn man wieder die alte Version von
`.profile` verwenden möchte, dann kann man diese durch Kopieren der
oben gesicherten Version auf `.profile` wieder "aktivieren". Die soeben
angelegte Profildatei ist benutzerspezifisch, da sie sich im jeweiligen
Stammverzeichnis des Benutzers befindet. Für jeden Benutzer, der sich
im System anmeldet, wird vor seiner eigenen Profildatei außerdem die
Datei `/etc/profile` ausgeführt. Diese Datei legt i.d.R. der Systemadministrator an.

2.4.2   Die Profildateien der C-Shell

In der C-Shell gibt es zwei benutzereigene Profildateien:

- `.login`

  wird abgearbeitet, wenn die C-Shell beim Anmelden an das System die vom Systemadministrator voreingestellte Shell ist.

- `.cshrc`

  wird jedesmal abgearbeitet, wenn die C-Shell als neuer Prozeß gestartet wird, z.B. beim Anmelden am System, beim erneuten Aufruf der Shell über das Kommando `csh` oder aus einem anderen Programm heraus.

Beispielhaft soll hier die Profildatei `.cshrc` erzeugt und ausprobiert werden. Falls diese schon existiert, sollte man die aktuelle Version analog zu `.profile` sichern.

1. Die C-Shell muß aktiviert werden.

   $ *csh*

2. Die Profildatei muß im Stammverzeichnis des Benutzers stehen.

   % *cd*

3. Falls vorhanden, wird sie umbenannt.

   % *mv .cshrc .cshrc.sik*

4. Der Editor wird aufgerufen

   % *vi .cshrc*

5. und der Eingabemodus eingestellt.

   1 a

6. Danach wird der Dateiinhalt eingegeben; jede Zeile wird mit der RETURN-Taste abgeschlossen.

```
 1  # Profildatei für die C-Shell von frank
 2  #
 3  # Bildschirm löschen
 4  clear
 5  # aktuelles Verzeichnis ausgeben
 6  pwd
 7  # Einstellen des Befehlspuffers auf 30 Befehle
 8  # Mittels !<buchstabe> kann der letzte Befehl mit dem
 9  # Anfangsbuchstaben <buchstabe> erneut aufgerufen
10  # werden.
11  set history=30
12  # Definieren von Abkürzungen für Kommandos mit alias
13  alias l "ls -l"
14  alias ll "ls -la | more"
15  # Verändern der Eingabeaufforderung
16  set prompt=$logname" % "
```

7. Nach Eingabe der letzten Zeile wird mit $\boxed{\text{ESC}}$ in den Kommandomodus gewechselt:

```
17  ESC
```

8. Die Datei wird gespeichert und der Editor verlassen:

```
:wq RETURN  oder  ZZ
```

9. Die C-Shell wird verlassen:

```
% exit
```

Jedesmal, wenn nun die C-Shell aufgerufen wird, werden die Kommandos der Datei `.cshrc` abgearbeitet.

```
$ csh
/home/frank
frank
```

Mit dem `alias`-Kommando können Abkürzungen für längere Kommandos geschaffen werden, die dann anstelle der langen Kommandos verwendet werden können. Sie sind nur aktiv innerhalb der Shell, in der sie gesetzt wurden; sie müssen daher in der Datei `.cshrc` definiert werden, wenn sie ständig benutzt werden sollen. Die Abkürzung `ll` wurde in der Datei `.cshrc` definiert. Das Alias-Kommando `ll` sollte also eine Liste mit versteckten Dateien anzeigen.

```
frank % ll


Gesamt 232
drwxr-xr-x  2 frank  other     192 Feb 20 13:33 .
drwxr-xr-x  9 root   root      144 Feb 20 12:14 ..
-rw-r--r--  1 frank  other     442 Feb 20 13:34 .cshrc
-rw-r--r--  1 frank  other     357 Feb 20 13:29 .profile
-rw-r--r--  1 frank  other     144 Feb 20 11:40 .profile.sik
-rw-r--r--  1 frank  other      94 Feb 20 12:42 erste.uebung
-rw-rw-rw-  1 jan    other   18654 Feb 20 12:28 hilfetext
-rw-r--r--  1 frank  other   15798 Feb 20 12:28 1stext.text
-rw-r--r--  1 frank  other   73349 Feb 20 12:47 shell.text
```

Eine weitere Eigenschaft der C-Shell ist der *Befehlspuffer*, der die eingegebenen Kommandos enthält. Unter DOS kann das zuletzt eingegebene Kommando mit der Funktionstaste F3 wiederhergestellt werden. Ab DOS 5.0 ist das Hilfsprogramm `DOSKEY` enthalten, das in seiner Funktionalität dem Befehlspuffer der C-Shell ähnelt. Unter der C-Shell wird durch Angabe eines Ausrufezeichens und eines Buchstabens das letzte Kommando, das mit diesem Buchstaben begann, erneut ausgeführt. Im Gegensatz zu DOS wird es allerdings nicht vorher angezeigt. Die Größe des Puffers für die aufzubewahrenden Kommandos wird mit `set history` festgelegt.

```
frank % !l


Gesamt 232
drwxr-xr-x  2 frank  other     192 Feb 20 13:33 .
drwxr-xr-x  9 root   root      144 Feb 20 12:14 ..
-rw-r--r--  1 frank  other     442 Feb 20 13:34 .cshrc
-rw-r--r--  1 frank  other     357 Feb 20 13:29 .profile
```

```
-rw-r--r--  1 frank  other     144 Feb 20 11:40 .profile.sik
-rw-r--r--  1 frank  other      94 Feb 20 12:42 erste.uebung
-rw-rw-rw-  1 jan    other   18654 Feb 20 12:28 hilfetext
-rw-r--r--  1 frank  other   15798 Feb 20 12:28 lstext.text
-rw-r--r--  1 frank  other   73349 Feb 20 12:47 shell.text
```

Darüber hinaus kann man beliebige Kommandos aus dem Kommando-
puffer auswählen. Mit dem Kommando `history` prüft man zunächst,
welche Kommandos sich im Puffer befinden:

```
frank % history
```

```
15  11
16  11
```

Da die Kommandos durchnumeriert sind, kann man durch Eingabe
des Ausrufezeichens mit Zusatz der entsprechenden Nummer das
gewünschte Kommando ausführen:

```
frank % !16
```

```
11
Gesamt 232
drwxr-xr-x  2 frank  other     192 Feb 20 13:33 .
drwxr-xr-x  9 root   root      144 Feb 20 12:14 ..
-rw-r--r--  1 frank  other     442 Feb 20 13:34 .cshrc
-rw-r--r--  1 frank  other     357 Feb 20 13:29 .profile
-rw-r--r--  1 frank  other     144 Feb 20 11:40 .profile.sik
-rw-r--r--  1 frank  other      94 Feb 20 12:42 erste.uebung
-rw-rw-rw-  1 jan    other   18654 Feb 20 12:28 hilfetext
-rw-r--r--  1 frank  other   15798 Feb 20 12:28 lstext.text
-rw-r--r--  1 frank  other   73349 Feb 20 12:47 shell.text
```

Mit `exit` wird die C-Shell wieder verlassen. Zu den weiteren Möglichkeiten der C-Shell seien Interessierte auf [Anderson, Anderson] verwiesen.

```
frank % exit
```

```
$ □
```

2.5   Texteingabe und -verwaltung

2.5.1   Texteingabe mit dem Editor vi

vi ist ein bildschirmorientierter Editor. Vor dem Aufruf von vi sollte sichergestellt werden, daß die Umgebungsvariable TERM den richtigen Terminaltyp enthält, denn sonst kann vi nicht im bildschirmorientierten Modus ablaufen. Die Überprüfung der Umgebungsvariablen wurde bereits beschrieben. Der Aufruf von vi erfolgt durch:

```
vi [<Optionen>] <Dateiname> ...
```

Die folgenden Optionen stehen zur Verfügung:

- -R
  gibt an, daß die Datei im Nur-Lese-Modus geladen wird. Damit läßt sich eine Datei mit dem Editor betrachten, ohne daß sie versehentlich verändert gespeichert wird. Als Beispiel soll die Datei erste.uebung im Nur-Lese-Modus geladen werden.

  $ *vi -R erste.uebung*

  Der Versuch, die Datei zu speichern, schlägt fehl — es erfolgt eine Fehlermeldung.

  :wq RETURN

  Man kann vi nur verlassen, ohne die Datei zu speichern.

  :q RETURN

- +<Kommando>
  Das angegebene Editorkommando wird nach dem Laden der Datei in den Editor sofort ausgeführt, also bevor mit der Bearbeitung begonnen werden kann.

Nach dem Start von vi ist zwischen drei verschiedenen *Verarbeitungsmodi* zu unterscheiden:

1. **Eingabemodus**
   Der Eingabemodus dient zur Eingabe von Texten. Nach Ende der Eingabe wird durch Betätigen der ESC-Taste in den unten beschriebenen Kommandomodus gewechselt. Da vi in seiner ursprünglichen Implementation nur eine 7-bit-Zeichentabelle verwaltet, erscheinen Sonderzeichen und Umlaute, die das 8. Bit erfordern, in ihrer entsprechenden Zahlendarstellung im Oktalformat auf dem Bildschirm. Wird beispielsweise der Umlaut "ö" eingegeben, so erscheint bei 7-bit-fähigen vi-Versionen der Zahlenwert 204 auf dem Bildschirm. 8-bit-fähige vi-Versionen sind allerdings bereits verfügbar.

2. **Kommandomodus**
   Der Kommandomodus dient zur Eingabe von Kommandos ohne Argumente, wie zum Beispiel dem Blättern im Text, dem Positionieren der Schreibmarke, Löschen von Zeilen, etc. Diese bestehen aus einem oder zwei Zeichen, eventuell geführt von einem Zähler, der die Anzahl der Ausführungen angibt. Wie bereits aus der bisherigen Verwendung von vi bekannt, ist dieser Modus beim Aufruf von vi aktiv. Die Kommandos werden sofort, ohne Betätigung von RETURN, ausgeführt. Beim Beenden des Eingabemodus wird dieser Modus wieder aktiviert.

3. **Modus für letzte Zeile**
   Dies ist ein spezieller Kommandomodus, bei dem zusätzlich zum Kommando Argumente angegeben werden können. Er wird im Kommandomodus durch die Eingabe von /, ?, : oder ! aktiviert. Dabei springt die Schreibmarke in die letzte Bildschirmzeile, und vi erwartet eine Eingabe. Die Eingabe wird hier mit RETURN abgeschlossen, und der entsprechende Befehl wird ausgeführt.

Im folgenden werden die wichtigsten vi-Kommandos nach Funktionsbereichen tabellarisch aufgeführt. Kommandos, die im Modus für die letzte Zeile auszuführen sind, beginnen dabei mit den Zeichen /, ?, : oder !. Vertiefendes zum Thema vi findet sich z.B. in [Lamb]. Eine einführende Beschreibung des auf vielen UNIX-Systemen neben vi verfügbaren Editors *Emacs* findet sich etwa in [Abrahams, Larson].

Kommandos zum Positionieren der Schreibmarke:

Eingabe	Aktion
h	ein Zeichen nach links

l	ein Zeichen nach rechts
j	eine Zeile nach unten
k	eine Zeile nach oben
[CONTROL] F	einen Bildschirm vorwärts blättern
[CONTROL] B	einen Bildschirm rückwärts blättern
[CONTROL] D	einen halben Bildschirm vorwärts blättern
[CONTROL] U	einen halben Bildschirm rückwärts blättern
G	springen auf die letzte Zeile des Dokuments
]]	nächster Abschnitt
[[	vorheriger Abschnitt
(	Satzanfang
)	Satzende
{	Absatzanfang
}	Absatzende
%	passende Klammer {} suchen
w	nächstes Wort
b	vorheriges Wort
e	Wortende
$	Zeilenende

Zur Positionierung der Schreibmarke sind in einigen UNIX-Derivaten auch die Pfeil- und Bildtasten belegt.

Kommandos zum Suchen von Text verwenden sogenannte *reguläre Ausdrücke* zur Beschreibung von Suchzeichenfolgen. Die bekanntesten regulären Ausdrücke, die von DOS her bekannt sind, sind die Zeichen ? und *. Eine genauere Abhandlung der regulären Ausdrücke findet man in Abschnitt 3.5.

Eingabe	Aktion
/<Ausdruck>	nach der nächsten Zeile suchen, die den angegebenen regulären Ausdruck enthält
?<Ausdruck>	nach der letzten Zeile mit dem angegebenen regulären Ausdruck suchen
/<Ausdruck>/+<n>	nach der n-ten Zeile mit dem angegebenen regulären Ausdruck suchen
?<Ausdruck>?-<n>	rückwärts nach der n-ten Zeile mit dem angegebenen regulären Ausdruck suchen
f<Zeichen>	vorwärts nach dem Zeichen suchen

F<Zeichen>	rückwärts nach dem Zeichen suchen
t<Zeichen>	Schreibmarke vorwärts bis zum Zeichen
T<Zeichen>	Schreibmarke rückwärts bis zum Zeichen

Kommandos zum Einfügen/Ersetzen:

Eingabe	Aktion
a	anhängen von Text hinter der Schreibmarke
i	einfügen von Text vor der Schreibmarke
A	anhängen am Zeilenende
I	einfügen vor dem ersten Zeichen der Zeile
o	einfügen einer Leerzeile unter der aktuellen Zeile
O	einfügen einer Leerzeile über der aktuellen Zeile
r<Zeichen>	ersetzen des Zeichens unter der Schreibmarke durch das angegebene Zeichen
R<Text>	ersetzen des Texts unter der Schreibmarke durch den angegebenen Text
:g/<t1>/s//<t2>	ersetzen von Zeichenkette "t1" durch "t2"

Kommandos zum Löschen:

Eingabe	Aktion
dw	bis zum Wortende löschen
dd	aktuelle Zeile löschen
d$	bis zum Zeilenende löschen
x	Zeichen unter Schreibmarke löschen

Kommandos zum Kopieren:

Eingabe	Aktion
yw	das aktuelle Wort in den Puffer kopieren
y$	bis zum Zeilenende in den Puffer kopieren

Y	die aktuelle Zeile in den Puffer kopieren
p	Pufferinhalt hinter Cursor einfügen
P	Pufferinhalt vor dem Cursor einfügen

Dateioperationen und Verlassen von vi:

Eingabe	Aktion
`:w`	sichern aller durchgeführten Änderungen
`:w <Dateiname>`	den Text in die angegebene Datei schreiben
`:r <Dateiname>`	die angegebene Datei nach der letzten Zeile einfügen
`:<n>r <Dateiname>`	die angegebene Datei nach der Zeile n einfügen
`:q!`	verwerfen der Änderungen und vi verlassen
`:wq`	Datei speichern und vi verlassen
`ZZ`	Datei speichern und vi verlassen

Sonstige Anweisungen:

Eingabe	Aktion
u	das letzte Kommando rückgängig machen
U	alle Änderungen der aktuellen Zeile rückgängig machen
.	letztes Kommando wiederholen
J	aktuelle Zeile an die nächste hängen
ESC	Kommandomodus aktivieren
`<n>`	wenn vor einem Kommando angegeben, dieses Kommando n mal wiederholt ausführen
`:!<Kommando>`	starten einer neuen Shell und ausführen des angegebenen Kommandos

Einige dieser Editorkommandos sollen an einem Beispiel demonstriert werden. Die Funktionsweise der einzelnen Kommandos kann jeweils unmittelbar erkannt werden, wenn man nach den einzelnen Eingaben kurze Pausen macht.

```
vi winter.gedicht RETURN
aEs ist Winter. RETURN
Alle haben Ferien. RETURN
Draussen ist es warm ESC
hhhdwAkalt. ESC
A RETURN
Alle warten auf den Sommer. ESC
RETURN kkkYjjjjp:wq RETURN
```

Dieses Gedicht soll mit weiteren Kommandos in ein Sommergedicht verwandelt werden.

```
cp winter.gedicht sommer.gedicht RETURN
vi sommer.gedicht RETURN
:g/Winter/s//Sommer/ RETURN
/kalt RETURN
cwwarm ESC
ucwheiss ESC
jdwiWinter ESC
ZZ
```

Nach einer gewissen Einarbeitungszeit läßt sich mit diesen relativ mächtigen Editierkommandos effizient arbeiten. Der Editor **vi** verfügt über eine Vielzahl von einstellbaren Parametern wie Tabulatorpositionen, Umbruchpositionen, Warntöne u.a. Diese können mit dem **set**-Kommando im Modus für die letzte Zeile geändert werden. Das **set**-Kommando allein zeigt die gegenüber den Standardsetzungen veränderten aktuellen Werte der Parameter an, die Option **all** zeigt die Setzung aller Parameter an.

Die folgenden Beispiele können bei geladenem Editor ausprobiert werden.

```
:set all RETURN
:set tabstop=12 RETURN
:set RETURN
```

Wenn die set-Parameter über die Dauer einer Editorsitzung hinaus Bestand haben sollen, sind die entsprechenden set-Kommandos zeilenweise in die Datei .exrc im aktuellen Verzeichnis oder im Stammverzeichnis des Benutzers einzutragen. Diese Datei wird beim Aufruf von vi abgearbeitet. set-Kommandos können auch in die Umgebungsvariable EXINIT eingetragen werden, wobei die Setzungen in .exrc Vorrang vor diesen Angaben haben.

2.5.2   Suchen nach Mustern in Dateien

Das Kommando grep durchsucht Dateien zeilenweise nach Textmustern, die in Form der bereits erwähnten regulären Ausdrücke angegeben werden. In DOS wird die Funktion von grep durch das Programm FIND erfüllt. Achtung: Unter UNIX gibt es ebenfalls das Kommando find. Im Gegensatz zu grep sucht find nach Dateien und nicht in Dateien.

```
grep [<Optionen>] <Ausdruck> <Dateinamen> ...
```

Die wichtigsten Optionen von grep sind:

-c ("count")	gibt die Anzahl der Zeilen aus, die dem regulären Ausdruck entsprechen
-i ("ignore")	unterscheidet nicht zwischen Groß- und Kleinschreibung
-l	gibt nur die Namen der Dateien aus, in denen das Muster gefunden wurde
-n ("number")	gibt die Zeilennummern der gefundenen Zeilen mit aus
-v ("vice versa")	gibt alle Zeilen aus, in denen das Textmuster nicht vorkommt

Wenn mehrere Dateien zum Durchsuchen angegeben werden, so wird neben den gefundenen Textzeilen auch der Dateiname angezeigt. Als Beispiel sollen alle Zeilen der Datei winter.gedicht sowie deren Nummern ausgegeben werden, in denen das Wort Winter in großer oder kleiner Schreibweise vorkommt.

> *$ grep -in winter winter.gedicht*

```
1 : Es ist Winter.
5 : Es ist Winter.
```

Die Anzahl der Zeilen in der Datei `winter.gedicht`, in denen das Wort es in großer oder kleiner Schreibweise nicht vorkommt, soll ermittelt werden.

> *$ grep -ivc es winter.gedicht*

```
2
```

2.5.3 Sortieren von Texten

Dem DOS-Kommando `SORT` entspricht das bereits aus Abschnitt 1.7 bekannte UNIX-Kommando `sort` zum zeilenweisen Sortieren von Dateien. Der Aufruf von `sort` geschieht wie folgt:

```
sort [<Optionen>] <Dateinamen> ...
```

`sort` liest die angegebenen Dateien und gibt sie nach Zeilen sortiert auf der Standardausgabe aus. Wenn mehrere Dateien angegeben werden, so werden diese zunächst vereint und dann sämtliche Dateiinhalte sortiert. Wenn keine Dateien angegeben werden, liest `sort` von der Standardeingabe.

Folgende Optionen sind bei `sort` wichtig:

- `-c` ("check")
  Es wird geprüft, ob die angegebene(n) Datei(en) bereits sortiert ist (sind). Falls eine Datei nicht sortiert ist, erscheint eine Meldung.

- `-o <Dateiname>` ("output")
  Die sortierte Ausgabe wird in die angegebene Datei geschrieben. Dabei kann auch eine der Eingabedateien angegeben werden.

- `-d` ("dictionary")

  Das lexikographische Sortieren, also die Wörterbuchsortierung, wird aktiviert; dabei werden nur Buchstaben, Ziffern und Leer- bzw. Tabulatorzeichen berücksichtigt. Normalerweise sortiert **sort** nach den ASCII-Werten der Buchstaben.

- `-f`

  Es wird nicht zwischen Groß- und Kleinschreibung unterschieden.

- `-n`

  Es soll nach numerischen Werten sortiert werden. Dazu muß ein Sortierschlüssel angegeben werden.

- `-r` ("reverse")

  Es wird absteigend sortiert; voreingestellt ist stets die aufsteigende Sortierreihenfolge.

- `+<m>[.<n>]  -<k>[.<l>]`

  Hier wird ein *Sortierschlüssel* angegeben, der beim n+1. Zeichen im m+1. Feld beginnt und bis zum l-ten Zeichen im k-ten Feld geht. Dabei wird davon ausgegangen, daß eine Eingabezeile aus mehreren Feldern, d.s. Zeichenketten, die durch ein Feldtrennzeichen, standardmäßig ein Leerzeichen, getrennt sind, besteht. Wenn **sort** ohne Sortierschlüssel aufgerufen wird, ist jeweils der komplette Zeileninhalt für die Sortierung relevant. Durch Verwendung eines Sortierschlüssels kann **sort** mitgeteilt werden, welche Felder der Eingabe relevant für die Sortierung sein sollen. Es können auch mehrere Sortierschlüssel angegeben werden. Wenn zwei Zeilen den gleichen Inhalt im ersten Sortierschlüssel haben, wird der zweite Sortierschlüssel verglichen; sind die Inhalte des zweiten Sortierschlüssels gleich, dann der dritte, usw... Wird .n bzw. .l nicht angegeben, wird für diese der Wert .0 angenommen. Nach jedem Sortierschlüssel können auch die Optionen -dfnr zur Festlegung der Sortierreihenfolge stehen. Sie gelten dann nur für den jeweiligen Sortierschlüssel.

- `-b`

  Leerzeichen, Tabulatoren und Neue-Zeile-Zeichen werden beim Sortieren ignoriert.

- `-t<Zeichen>`

  Zeichen wird als Trennzeichen für die einzelnen Felder verwendet.

Die Voreinstellung für Feldtrennzeichen sind Leerzeichen, Tabulatoren und Neue-Zeile-Zeichen.

Die Beispieldatei `winter.gedicht` soll sortiert werden. Das Sortierergebnis soll in der Datei `winter.sort1` stehen. Sortierschlüssel ist die ganze Zeile. Die Sortierung soll lexikographisch erfolgen.

```
$ sort -d -o winter.sort1 winter.gedicht

$ more winter.sort1


Alle haben Ferien.
Alle warten auf den Sommer.
Draussen ist es kalt.
Es ist Winter.
Es ist Winter.
```

Die Datei `winter.gedicht` soll nach dem zweiten bis vierten Wort einer Zeile sortiert werden; die Sortierung ist absteigend nach ASCII.

```
$ sort -r -o winter.sort2 +1 -3 winter.gedicht

$ more winter.sort2


Alle warten auf den Sommer.
Draussen ist es kalt.
Es ist Winter.
Es ist Winter.
Alle haben Ferien.
```

2.5.4 Vergleich von Texten

Das Programm `diff` erlaubt den Vergleich von zwei Textdateien, die nicht vorsortiert sein müssen. `diff` ähnelt in seiner Funktion den DOS-Programmen `COMP` bzw. `FC`. Das Kommando `diff` wird häufig beim Änderungsdienst eingesetzt, denn dadurch müssen nicht viele verschiedene Versionen eines Textes gespeichert werden, sondern nur die Änderungen, die den Originaltext modifizieren. Solche Änderungsdateien werden auch als *Deltas* bezeichnet.

```
diff [<Optionen>] <Dateiname1> <Dateiname2>
```

diff gibt die Änderungen aus, die mit dem Editor ed vorzunehmen
wären, damit aus der zuerst angegebenen Datei die zweite Datei ent-
steht. Der Editor ed ist ein zeilenorientierter Vorläufer des vi; seine
Editorkommandos gleichen denen des vi.

Die Ausgabe, die von diff erzeugt wird, besitzt folgendes Format:

- n11 a n21,n22 (Einfügen)
  Die Zeilen n21 bis n22 aus der zweiten Datei sind nach der Zeile n11
  in die erste Datei einzufügen.

  ```
  <Zeile n11
  >Zeile n21
  >.....
  >Zeile n22
  ```

- n11,n12 d n21 (Löschen)
  Die Zeilen n11 bis n12 sind aus der ersten Datei zu löschen. Die
  Zeile n21 aus der zweiten Datei zeigt an, daß nach dem Löschen des
  angegebenen Bereichs die beiden Dateien bis zu dieser Zeile identisch
  sind.

  ```
  <Zeile n11
  <.....
  <Zeile n12
  ```

- n11,n12 c n21,n22 (Ersetzen)
  Die Zeilen n11 bis n12 aus der ersten Datei müssen durch die Zeilen
  n21 bis n22 aus der zweiten Datei ersetzt werden.

  ```
  <Zeile n11
  <.....   <zu ersetzender Tex>t
  <Zeile n12
  >Zeile n21
  >.....   <Text zum Ersetzen>
  >Zeile n22
  ```

Die folgenden Optionen sind beim Aufruf von diff wichtig:

Eingabe	Bedeutung
-b	Leerzeichen und Tabulatoren am Zeilenende werden ignoriert
-e	Die vorzunehmenden Änderungen werden als Kommandoskript für den Editor ed ausgegeben.

Varianten des Kommandos `diff` sind die Befehle `bdiff` ("big diff"), wodurch größere Dateien verglichen werden können, `diff3`, womit man drei Dateien gleichzeitig vergleichen kann, und `sdiff`, wodurch die Inhalte der beiden Dateien nebeneinander darstellt werden.

Die Wirkungsweise von `diff` soll nun an den beiden Beispieldateien `winter.gedicht` und `sommer.gedicht` gezeigt werden. Durch folgenden Aufruf werden diese beiden Dateien verglichen:

$ diff winter.gedicht sommer.gedicht

```
1c1
< Es ist Winter.
---
> Es ist Sommer.
3,5c3,5
< Draussen ist es kalt.
< Alle warten auf den Sommer.
< Es ist Winter.
---
> Draussen ist es heiss.
> Alle warten auf den Winter.
> Es ist Sommer.
```

Dabei bedeutet die Ausgabe `3,5c3,5`, daß die Zeilen 3–5 der Datei `winter.gedicht` durch die Zeilen 3–5 der Datei `sommer.gedicht` ersetzt werden müssen, damit beide Dateien identisch werden.

2.5.5 Bestimmen der Länge von Texten

Das Kommando `wc` zählt die Anzahl der Zeilen, Wörter und Zeichen in Textdateien.

```
wc [<Optionen>] [<Dateiname>] ...
```

Folgende Optionen stehen zur Verfügung:

- `-l` ("line")
  Veranlaßt, daß `wc` die Zeilen der angegebenen Dateien zählt.

- `-w` ("word")
  Ermittelt die Anzahl der Wörter.

- `-c` ("character")
  Zählt die Anzahl der Zeichen.

Als Beispiel soll die Anzahl der Zeilen und Wörter in der Datei `sommer.gedicht` im aktuellen Verzeichnis ermittelt werden:

> *$ wc -lw sommer.gedicht*

```
5    18    sommer.gedicht
```

Dieses Kommando kann in Verbindung mit anderen Kommandos sehr wirkungsvoll zum "Zählen" eingesetzt werden. So liefert etwa

> *$ find / -user frank -print | wc -l*

```
8
```

die Anzahl der `frank` gehörenden Dateien.

2.6   Drucken in UNIX

2.6.1   Allgemeines

Ein wesentlicher Vorteil von UNIX als Multi-User-Betriebssystem besteht darin, daß alle Benutzer auf die Ressourcen des Systems zugreifen können. Um den Zugriff auf Drucker zu organisieren, gibt es in UNIX den *Druckerspooler*, ein Programm, das die Druckaufträge der Benutzer verwaltet. Hat ein Benutzer einen Druckauftrag abgeschickt, wird dem Druckauftrag eine *Auftragsnummer* zugewiesen, und der Druckauftrag wird in eine Warteschlange eingereiht. Der Druckerspooler bearbeitet die Warteschlange und leitet die einzelnen Aufträge an die gewünschten Drucker weiter. Die Drucker werden dabei durch *Druckernamen* identifiziert. Jeder Drucker gehört zu einem bestimmten Typ von Druckern; jeder Typ besitzt einen *Typnamen*. Dadurch kann man z.B. dem Drucksystem die Auswahl überlassen, welcher Drucker eines vorgegebenen Typs im konkreten Fall den Druckauftrag ausführt, wenn als Vorgabe im Druckauftrag nur ein Druckertyp angegeben wurde. In DOS wird die Druckersteuerung in der Regel von den Anwendungsprogrammen übernommen, das DOS-Kommando `PRINT` verwaltet eine Druckerwarteschlange. UNIX enthält die folgenden Programme, um Druckaufträge bzw. Drucker zu steuern:

Kommando	Funktion
`lp`	sendet Druckaufträge ab bzw. ändert deren Optionen nachträglich
`lpstat`	zeigt Statusinformationen über den Druckerspooler an
`pr`	formatiert Dateien für die Druckausgabe
`cancel`	bricht bereits abgesandte Druckaufträge ab

Wenn man als Benutzer Dateien ausdrucken möchte, sollte man in folgender Reihenfolge vorgehen:

1. Ermittlung der vorhandenen Drucker
   Da an ein UNIX-System mehrere Drucker angeschlossen sein können, muß man zuerst einmal herausfinden, welche Drucker verfügbar sind und welche Namen sie haben. Dazu dient der Aufruf des Programms `lpstat` mit der Option `-s` ("status summary"). `lpstat` gibt die Namen und Typen der Drucker aus.

```
$ lpstat -s
```

```
Standarddrucker des Systems:  necp6
Geraet fuer printer: /dev/lp1
```

Dies bedeutet, daß der Standarddrucker des Systems den Namen necp6 besitzt und mittels der Gerätedatei /dev/lp1 angesteuert wird. Eventuell wird noch angegeben, über welche Zeichensätze der Drucker verfügt.

2. Formatierung der zu druckenden Datei(en):
   Zur Formatierung der zu druckenden Datei(en) dient das Programm pr. Dieses Programm gibt den Inhalt von Dateien formatiert, d.h. unterteilt in Seiten und versehen mit Kopf- und Fußzeilen, aus. Getestet wird die Formatierung durch Eingabe von

```
$ pr winter.gedicht > ausgabe.prn
```

pr schreibt in diesem Fall den Inhalt der angegebenen Datei winter.gedicht formatiert in die Datei ausgabe.prn. Die Datei ausgabe.prn kann anschließend durch die Kommandos more, vi oder cat angezeigt werden.

```
$ more ausgabe.prn


Feb 20 13:43 1993  winter.gedicht Seite 1


Es ist Winter.
Alle haben Ferien.
Draussen ist es kalt.
Alle warten auf den Sommer.
Es ist Winter.
```

3. Absenden eines Druckauftrags:
   Das Absenden eines Druckauftrags geschieht mit Hilfe des Programmes lp. Um einen Druckauftrag an einen bestimmten Drucker abzusenden, wird das Kommando lp mit der Option -d ("destination") verwendet.

```
$ lp -d necp6 ausgabe.prn

Auftrags-Nummer ist necp6-8 (1 Datei)
```

Dieses Kommando sendet die formatierte Datei aus Schritt 2. an den Drucker mit dem angegebenen Namen. Der Druckername ist durch `lpstat` aus Schritt 1. bekannt. Die Antwort von `lp` enthält die Auftragsnummer, die sich aus dem Druckernamen und einer angehängten laufenden Nummer, hier einer 8, für diesen Drucker bezieht.

Die nach Absenden des Druckauftrags gelieferte Auftragsnummer kann zum Ansprechen des Druckauftrags im Falle von Änderungswünschen verwendet werden. Die Kontrolle von Druckaufträgen kann durch `lpstat` mit der Option `-o` ("output") erfolgen:

```
$ lpstat -o

necp6-8          frank          14132    Feb 20 13:22
```

`lpstat` gibt die Auftragsnummer necp6-8, den Absender, die Länge der Datei, das Absendedatum und das Ziel des Druckauftrages aus.

Durch Angabe der Auftragsnummer kann man den Druckauftrag auch stornieren.

```
$ cancel necp6-8

Auftrag "necp6-8" geloescht
```

Mit diesem Kommando wird der Auftrag mit der angegebenen Auftragsnummer aus der Warteschlange entfernt. Wenn der Auftrag vom Drucker ausgeführt worden ist, also die Datei gedruckt wurde, wird der Auftrag automatisch aus der Warteschlange entfernt.

Das Ausdrucken mit `pr` und `lp` kann eleganter gestaltet werden, indem man eine Pipe verwendet.

```
$ pr lstext.text | lp -d necp6
```

In diesem Fall würde `pr` den Inhalt der angegebenen Datei formatieren und direkt an das Kommando `lp` weiterleiten.

Wenn beim Kommando lp der Druckername ausgelassen wird, versendet lp die Aufträge an den voreingestellten Standarddrucker des Systems bzw. liest die Umgebungsvariable LPSTAT und sendet an den dort angegebenen Drucker.

Die hier beispielhaft vorgestellten Kommandos werden nun in den folgenden Abschnitten genauer erklärt.

2.6.2   Senden eines Auftrages an das Druckprogramm lp

Das Kommando lp existiert in zwei Versionen, die folgenden Aufbau haben:

```
lp [<Optionen>] [<Dateiname>] ...


lp  -i <Auftragsnummer> [<Optionen>]
```

Die erste Version des lp Kommandos sorgt dafür, daß die angegebenen Dateien gedruckt werden. Die zweite Version des lp-Kommandos wird benutzt, um Optionen eines bereits abgeschickten Auftrages zu ändern. lp verbindet mit jedem Druckauftrag eine Auftragsnummer, welche beim Abschicken des Druckauftrages auf der Standardausgabe ausgegeben wird. Diese Auftragsnummer kann benutzt werden, um einen Druckauftrag abzubrechen, zu ändern oder um den Status des Druckauftrages abzufragen.

Die verfügbaren Druckoptionen sind in beiden Versionen des lp-Kommandos gleich. Bei der zweiten Version werden die eingestellten Optionen und Argumente des durch die Auftragsnummer eindeutig bestimmten Druckauftrages entsprechend geändert. Ist der Druckauftrag bereits abgeschlossen, kann eine Umstellung der Optionen nicht mehr erfolgen. Wird der Druckauftrag gerade ausgeführt, führt die zweite Version von lp zum Anhalten des Druckauftrages; anschließend wird der Druckauftrag mit den neuen Optionen noch einmal neu gestartet.

Folgende lp-Optionen sind wichtig:

- -d <Ziel> ("destination")
  wählt Ziel als den Drucker oder den Druckertyp, auf dem gedruckt

werden soll. Wenn `Ziel` ein Drucker ist, wird der Auftrag nur auf diesem speziellen Drucker gedruckt. Wenn `Ziel` ein Druckertyp ist, wird der Auftrag auf dem ersten verfügbaren Drucker dieses Typs gedruckt. Wird kein Ziel angegeben, so wird `Ziel` der Umgebungsvariablen `LPDEST` entnommen, falls diese gesetzt ist; sonst wird ein Standardziel verwendet.

- `-f <Formularname>`
  druckt den Auftrag auf dem Formular `Formularname`. `lp` stellt sicher, daß das entsprechende Formular bei dem Drucker eingelegt ist. Wird das Formular auf dem geforderten Drucker nicht unterstützt, wird der Druckauftrag storniert. Wird bei der Option `-d` als Ziel `any` angegeben, so wird der Auftrag auf einem beliebigen Drucker ausgeführt, bei dem das entsprechende Formular eingelegt ist und der die weiteren Anforderungen des Auftrages erfüllt.

- `-H <Anforderung>`
  druckt den Auftrag entsprechend der Anforderung. Gültige Anforderungen sind `hold`, `resume` und `immediate`. Die Anforderungen bedeuten:

  - `hold`:
    hält den Auftrag in der Warteschlange. Wird der Auftrag bereits gedruckt, so wird er angehalten. Andere Druckaufträge werden vorgezogen, bis der angehaltene Auftrag fortgesetzt wird.

  - `resume`:
    setzt einen angehaltenen Druckauftrag fort.

  - `immediate`:
    druckt den angegebenen Auftrag als nächsten. Diese Anforderung ist nur für Systemverwalter verfügbar.

- `-m ("mail")`
  verschickt eine Nachricht per Mail, nachdem die Aufträge gedruckt wurden. Die Auswertung der Mail wird Abschnitt 3.2.2 besprochen.

- `-n <Anzahl>`
  druckt `Anzahl` Kopien des Auftrags. Die Voreinstellung ist 1.

- `-o <Option>`
  dient zur Angabe druckerspezifischer Optionen. Die Option `-o` darf

mehrfach in der Kommandozeile auftreten. Die folgenden Optionen stehen zur Verfügung:

- `nobanner`
  Der Druckauftrag wird ohne Titelseite gedruckt.

- `nofilebreak`
  Zwischen zwei Dateien eines Auftrages wird kein Seitenvorschub gesendet.

- `length=<Zahl><Massangabe>`
  Bei diesem Auftrag wird die Seitenlänge auf die angegebene Zahl eingestellt. Dabei kann die Seitenlänge in den Maßen Anzahl Zeilen, Zentimeter und Inch angegeben werden. c bedeutet Zentimeter, i Inch, eine fehlende Angabe Anzahl Zeilen:
  * `length=29c` setzt 29 Zentimeter/Seite
  * `length=66` setzt 66 Zeilen/Seite
  * `length=8i` setzt 8 Inch bzw. Zoll/Seite

- `width=<Zahl><Massangabe>`
  Die Seitenbreite wird auf die angegebene Zahl eingestellt. Für die Maßangabe gilt die Beschreibung der Option `length`.

- `lpi=<Zahl>`
  stellt den Zeilenabstand in lpi, d.h. lines per inch, ein.

- `cpi=<Zahl>`
  stellt den Zeichenabstand in cpi, d.h. characters per inch, ein.

- `-s` ("suppress")
  veranlaßt das Programm `lp`, keine Meldungen auszugeben.

- `-S <Zeichensatz>`
  druckt den Auftrag unter Verwendung des angegebenen Zeichensatzes. Bei zusätzlicher Angabe von `-d any` gilt analoges wie bei Option `-f`.

- `-t <Titel>`
  gibt den angebenen Titel auf der Titelseite aus. Als Voreinstellung wird kein Titel ausgegeben.

- `-w` ("write")
  sendet dem Absender des Druckauftrags eine Nachricht, wenn die Dateien gedruckt wurden. Die Nachricht erscheint entweder direkt auf dem Terminal, so wie es in Abschnitt 3.2.1 beschrieben wird,

oder wird über die elektronische Post gesendet, falls der Benutzer nicht mehr angemeldet ist. Die Bearbeitung von elektronischer Post ist in Abschnitt 3.2.2 beschrieben.

2.6.3 Druckerstatusinformationen

Das Kommando `lpstat` gibt Informationen über den aktuellen Status der Druckerverwaltung aus.

```
lpstat [<Optionen>]
```

Wenn keine Optionen angegeben werden, gibt `lpstat` den Status aller Aufträge aus, die der Benutzer an `lp` abgeschickt hat. Argumente, die keine Optionen darstellen, werden als Auftragsnummern interpretiert. `lpstat` gibt dann den Status dieser Aufträge aus. Die folgenden Optionen sind verfügbar:

- `-a [<Liste>]` ("accept")
  gibt den Status der Objekte aus der Liste aus. In der Liste können Namen von Druckern und Druckertypen angegeben werden. Wenn keine Liste angegeben wird, wird ein Status für alle möglichen Drucker und Druckertypen ausgegeben.

- `-c [<Liste>]` ("class")
  gibt die Namen von Druckertypen und entsprechende Gerätedateien aus. Als Liste können Namen von Druckertypen angegeben werden. Wenn keine Liste angegeben wird, werden die Namen aller Gerätedateien für Drucker ausgegeben.

- `-d` ("default")
  gibt den Standarddrucker für `lp` aus.

- `-o [<Liste>]` ("output")
  gibt den Status von Aufträgen aus. In der Liste können Druckernamen, Namen von Druckertypen und Auftragsnummern angegeben werden.

- `-p [<Liste>]` ("printer")
  gibt den Status von Druckern aus. Als Liste können mehrere Druckernamen angegeben werden.

- `-r`
  gibt den Status des Verwaltungsprogramms für Druckaufträge aus.

- `-s` ("status summary")
  gibt eine Statuszusammenfassung aus. Diese Zusammenfassung enthält den Standarddrucker, eine Liste mit Namen von Druckertypen und entsprechenden Gerätedateien sowie eine Liste von Druckern und den zugehörigen Gerätedateien.

- `-t` ("total")
  gibt alle verfügbaren Statusdaten aus.

- `-u [<Liste>]` ("user")
  gibt den Status aller Druckaufträge der angegebenen Benutzer aus. Die Liste enthält die Benutzernamen.

- `-v [<Liste>]`
  gibt die Namen der Drucker und die Pfadnamen der entsprechenden Gerätedateien aus. Die Liste enthält die entsprechenden Druckernamen.

2.6.4   Formatierung des Drucks

Zur Formatierung der Druckausgabe wird das Kommando pr verwendet.

```
pr [<Optionen>] [<Dateiname>] ...
```

Wenn keine Dateien beim Aufruf von pr angegeben werden, so liest pr von der Standardeingabe. Die Ausgabe erfolgt auf der Standardausgabe. pr unterteilt die Ausgabe in Seiten, die in der Kopfzeile mit Seitennummer, Datum und Zeitangabe und dem Dateinamen versehen werden. Die Standardseitenlänge beträgt 66 Zeilen, wovon 10 Zeilen auf Kopf- und Fußbereich entfallen. Der Kopfbereich enthält zwei Leerzeilen, dann eine Textzeile und dann wieder zwei Leerzeilen. Der Fußbereich besteht aus 5 Leerzeilen. Als Voreinstellung ist eine Zeilenbreite von 72 Zeichen vorgesehen. Zur Erstellung von mehrspaltigen Ausgaben muß -<Spaltenanzahl> oder die Option -m benutzt werden. Folgende Optionen sind beim pr-Kommandos wichtig:

- `+<Seitennummer>`
  Die Anzeige beginnt bei der angegebenen Seitennummer. Die Voreinstellung ist Seite 1, also der Dateianfang.

- `-<Spaltenanzahl>`
  Der Ausdruck erfolgt mehrspaltig. Hierdurch wird die Anzahl der Spalten angegeben.

- `-a`
  Die mehrspaltige Ausgabe erfolgt über die Seitengrenze hinweg. Dabei muß die Spaltenanzahl, die in der Option `-<Spaltenanzahl>` gesetzt wird, größer als 1 sein.

- `-m` ("merge")
  Die angegebenen Dateien werden parallel ausgegegen, d.h. eine Datei pro Spalte. Maximal acht Dateien können so nebeneinander ausgedruckt werden. Falls eine Zeile für eine Spalte zu lang ist, wird sie getrennt.

- `-d` ("double")
  Die Ausgabe erfolgt zweizeilig.

- `-e<c><k>` ("expand")
  Tabulatorzeichen werden auf die Positionen k+1, 2*k+1, 3*k+1, etc. eingestellt. Wird k nicht angegeben, wird jede 8. Position angenommen. c ist dabei das zu verwendende Tabulatorzeichen.

- `-i<c><k>` ("insert")
  Leerzeichen in der Eingabe werden durch Tabulatorzeichen ersetzt. Dies geschieht an den Positionen k+1, 2*k+1, 3*k+1, etc. Wird k nicht angegeben, wird jede 8. Position angenommen. c ist dabei das zu verwendende Tabulatorzeichen.

- `-n<c><k>` ("number")
  Eine k-stellige Zeilennumerierung wird ausgegeben. Die Voreinstellung für k ist 5. Wenn c angegeben wird, wird dieses Zeichen zur Trennung der Zeilennummer von dem Text verwendet. Die Voreinstellung für c ist das Tabulatorzeichen.

- `-w <Breite>` ("width")
  Die Breite einer Zeile des Blattes wird eingestellt. Die Voreinstellung für die Breite sind 72 Zeichen. Diese Option ist nur für die mehrspaltige Ausgabe wirksam.

- `-o <Offset>` ("offset")
  Verlagert jede Zeile um `Offset` Zeichen nach rechts. Die Voreinstellung ist 0.

- `-l <Laenge>` ("length")
  Die Länge einer Seite wird eingestellt. Die Voreinstellung sind 66 Zeilen. Wird ein Wert kleiner gleich 10 angegeben, so wird die Option `-t` wirksam, um genügend Platz für den Text bereitzustellen.

- `-h <Kopfzeile>` ("header")
  Die Textzeile für den Kopfbereich kann angegeben werden. Ein Leerzeichen zwischen der Option `-h` und dem Text ist erforderlich; der Text ist in Anführungszeichen zu setzen.

- `-p` ("pause")
  Die Datei wird seitenweise ausgegeben; nach jeder Seite wird auf die Eingabe der RETURN-Taste gewartet.

- `-f` ("feed")
  Nach jedem Seitenende wird ein Seitenvorschubzeichen verwendet. Diese Option muß bei bei Zeilendruckern verwendet werden, die die Seitenaufteilung nicht selbständig vornehmen.

- `-t`
  Der fünfzeilige Kopfbereich und der fünfzeilige Fußbereich, die normalerweise auf jeder Seite ausgegeben werden, werden unterdrückt.

- `-s <Trenner>`
  Die Spalten werden durch das Zeichen `Trenner` getrennt. Standard für `Trenner` ist das Tabulatorzeichen.

Die Druckaufbereitung soll an einigen Beispielen erläutert werden.

Die Datei `winter.gedicht` soll im zweizeiligen, dreispaltigen Format bei Spaltenbreite 30 mit der Überschrift `Jahreszeiten` ausgegeben werden.

```
$ pr -3 -w30 -d -h "Jahreszeiten" winter.gedicht


Feb 20 13:43 1993  Jahreszeiten Seite 1


Es ist Wi Draussen  Es ist Wi
Alle habe Alle wart
```

Die Spaltenbreite von 30 Zeichen wird dabei auf alle drei Spalten gleichmäßig unter Berücksichtigung der Spaltenzwischenräume verteilt.

Die Datei `winter.gedicht` soll mit einer Zeilennumerierung versehen in die Datei `winter.nummer` geschrieben werden. Die Zeilennummer soll zweistellig sein und durch ein Sternchen vom Text abgetrennt werden. Kopf- und Fußzeilen werden unterdrückt.

*$ pr -n*2 -t winter.gedicht > winter.nummer*

$ cat winter.nummer

```
1*Es ist Winter.
2*Alle haben Ferien.
3*Draussen ist es kalt.
4*Alle warten auf den Sommer.
5*Es ist Winter.
```

Die beiden Gedichte sind nebeneinander in einer zweispaltigen Liste mit Zeilennummern ohne Kopf- oder Fußzeilen auszugeben. Die Breite des Blattes soll 30 Zeichen betragen.

$ pr -t -n -m -w30 winter.gedicht sommer.gedicht

```
1    Es ist Win    Es ist Som
2    Alle haben    Alle haben
3    Draussen i    Draussen i
4    Alle warte    Alle warte
5    Es ist Win    Es ist Som
```

2.6.5   Stornieren von Druckaufträgen

`cancel` bricht Druckaufträge ab, die mit dem Kommando `lp` abgeschickt wurden. Der äquivalente DOS-Befehl lautet `PRINT /C`.

```
cancel [<Auftragsnummer>] ..
       [{<Druckername>|<Druckertypenname>}] ..
```

Die Angabe einer Auftragsnummer bricht den angegebenen Auftrag
ab, falls dieser Auftrag vom abbrechenden Benutzer gestartet wurde.
Bei Angabe eines Druckernamens wird der aktuelle Auftrag, der auf
dem Drucker gedruckt wird, abgebrochen, wenn der Benutzer hierzu
die Rechte besitzt.

2.7   Arbeiten mit Disketten

2.7.1   Formatieren von Disketten

Viele UNIX-Systeme, vor allem größere, besitzen im Gegensatz zum
typischen DOS-System kein Diskettenlaufwerk, da das Sichern von Daten und das Einspielen neuer Software über Magnetbänder oder über
das Netzwerk erledigt wird. Die in den beiden folgenden Abschnitten,
die sich mit den in DOS unumgänglichen Themen "Formatieren von
Disketten" und "Datensicherung" beschäftigen, vorgestellten Beispiele
können in solchen Fällen daher nicht ausprobiert werden.

Das Kommando `format` formatiert Disketten. Dabei wird die ma-
gnetische Oberfläche der Diskette in Spuren und Sektoren aufgeteilt.
Die physikalischen Eigenschaften der verschiedenen Diskettentypen, die
unterstützt werden, wie Anzahl Spuren, Anzahl Sektoren oder Sek-
torgröße, sind in den Gerätedateien gespeichert, die mit dem Betriebssystem ausgeliefert werden und deren Namen leider von System zu System stark differieren. Zusätzlich kann der Benutzer noch beeinflussen,
ob nur Teile einer Diskette oder einer Magnetplatte neu formatiert werden. Wenn hierzu keine Angaben gemacht werden, werden in der Regel
die korrekten Werte automatisch angenommen.

```
/etc/format [<Optionen>] <Geraetedateiname>
```

Folgende Optionen stehen zur Verfügung:

- `-f <erste> -l <letzte>` ("first", "last")

  Die erste und letzte zu formatierende Spur wird mit den Optionen
  `-f` und `-l` angegeben. Falls keine abweichenden Angaben gemacht
  werden, beginnt das Formatieren bei Spur 0 und geht bis zum Ende
  der betreffenden Partition.

- `-i <Interleave>`
  Der Sektorversatz ("Interleave") gibt den physikalischen Versatz zwischen zwei logisch aufeinanderfolgenden Sektoren an.

- `-v` ("verbose")

  Mit dieser Option erhält man während des Formatierens ständig Angaben über den Fortschritt des Formatierungsvorgangs.

- `-V` ("Verify")

  Mit dieser Option aktiviert man das einfache, lediglich probeweise Prüfen des Datenträgers.

- `-E` ("Exhaustive")

  Bei Angabe dieser Option wird jeder Sektor des Mediums durch Schreiben, Lesen und Vergleichen von Daten geprüft.

In `Geraetedateiname` erfolgt die Angabe des Namens der Gerätedatei des gewünschten Diskettenlaufwerks. Diese Bezeichnungen können von System zu System unterschiedlich sein. Einige Systeme sammeln alle Gerätedateien direkt im Verzeichnis `/dev`, ohne dieses weiter in Unterverzeichnisse zu unterteilen. Ein Blick in das Verzeichnis `/dev` kann hier Klarheit verschaffen. Für die folgenden Beispiele wurden die Gerätedateien aus dem Verzeichnis `/dev/rdsk` entnommen, wobei folgende Namenskonvention gilt:

`/dev/rdsk/f<Nummer><Format><Spuren>`

`<Nummer>`

- 0 = Laufwerk 0 (bei PCs `A:`)

- 1 = Laufwerk 1 (bei PCs `B:`)

`<Format>`

- 5d9 : 5.25"-Disketten DD 9 Sektoren/Spur (360KB)

- 5h : 5.25"-Disketten HD (1.2 MB)

- 5d8 : 5.25"-Disketten DD 8 Sektoren/Spur (320KB)

- 5q : 5.25"-Disketten 4D (720 KB)

- 3h : 3.5"-Disketten HD (1.44 MB)

- 3d : 3.5"-Disketten DD (720 KB)

<Spuren>

- t : gesamte Diskette formatieren

- u : Spur 0 auslassen (Voreinstellung)

Soll eine Diskette formatiert werden, so muß die oben angeführte Formatangabe zwingend erfolgen. Wird dagegen nur eine Lese- bzw. Schreiboperation durchgeführt, so kann die Formatangabe auch weggelassen werden. Der Treiber für das entsprechende Gerät stellt dann die Formatinformationen von selbst fest. Bei UNIX-Versionen, die auf herkömmlichen PCs mit einem 5.25"-Laufwerk und einem 3.5"-Laufwerk installiert sind, sollte bei Lese- und Schreiboperationen der Zugriff über die Gerätedateien **/dev/rdsk/f0t** und **/dev/rdsk/f1t** probiert werden.

Eine 5.25"-HD-Diskette (**FORMAT** 5h) soll im Laufwerk 0 (**NUMMER** 0) komplett (**SPUREN** t) mit ausführlichen Angaben und einfachem Prüfen formatiert werden. Als Hauptname der Gerätedatei ergibt sich damit **f05ht**.

```
$ /etc/format -vV /dev/rdsk/f05ht


formatiere ...............
160 Spuren formatiert: 0 bis 159, Sektorversatz 2.
```

Eine 3.5"-HD-Diskette soll im Laufwerk 1 komplett formatiert werden. Die Diskette wird dabei geprüft.

```
$ /etc/format -E /dev/rdsk/f13ht


formatiere ................
160 Spuren formatiert: 0 bis 159, Sektorversatz 2.
```

Eine 3.5"-HD-Diskette soll im Laufwerk 1 formatiert werden, Spur 0
soll dabei unformatiert gelassen werden.

```
$ /etc/format /dev/rdsk/f13h
```

```
Warnung: Wenn Sie dieses Geraet benutzen, wird der
erste Zylinder der Floppy nicht formatiert.
formatiere ...............
158 Spuren formatiert: 0 bis 157, Sektorversatz 2.
```

Mit dem `format`-Kommando wird lediglich die Einteilung der magne-
tisierbaren Oberfläche der Diskette in Spuren und Sektoren erreicht.
Um Dateien speichern zu können, muß auch noch ein Dateisystem angelegt werden, in dem die Informationen über die Dateien gespeichert
sind. Alle Angaben über eine Datei, z.B. ihr Name, Datum und Uhrzeit
der letzten Änderung und die Lage der Datenblöcke werden in einem
Informationsknoten, einem *i-Node*, gespeichert. Neben der reinen Ka-
pazität eines Datenträgers zur Datenaufnahme, die in Blöcken von 512
oder 1024 Byte gemessen wird, ist die Anzahl der i-Nodes ein wichtiges
Kriterium, das beim Anlegen eines Dateisystems zu berücksichtigen ist.

In DOS geschieht das Anlegen eines Dateisystems automatisch durch
das Kommando `FORMAT`, in UNIX muß dies gesondert veranlaßt werden. Zur Erzeugung von Dateisystemen auf Datenträgern dient das
Programm `mkfs`. Da es nicht im Standardverzeichnis für Systemkommandos steht, muß es mit qualifiziertem Namen aufgerufen werden.

```
/etc/mkfs <Geraetedateiname> <Anzahl_Bloecke>
```

Dabei wird die Gerätedatei wie bekannt ermittelt; da die Diskette bereits formatiert ist, ist die Formatangabe nicht erforderlich. Die Anzahl der Blöcke wird bei manchen Systemen automatisch gesetzt, wenn
sie nicht ausdrücklich angegeben wird. Die Blockung für 5.25"-HD-
Disketten ist 2400; für 3.5"-Disketten sollte eine Blockung von 2880
angegeben werden. Um beispielsweise eine 5.25"-HD-Diskette mit einem Dateisystem zu versehen, wird der folgende Befehl verwendet:

```
$ /etc/mkfs /dev/rdsk/f0t 2400
```

```
Bytes pro logischem Block              =    1024
Anzahl logischer Bloecke               =    1200
Anzahl Inodes                          =     288
Luecke (physikalische Bloecke)         =       7
Zylinder Groesse (physikalische Bloecke) =     400
mkfs: Verfuegbare Bloecke = 1178
```

Dieser Befehl verfügt noch über weitere spezifische Optionen, die hier aber nicht angesprochen werden sollen. Zudem gibt es mehrere Arten von Dateisystemen, abhängig von der jeweiligen UNIX-Variante. Unter UNIX System V Version 4.0 existiert die Datei /etc/vfstab, in der den einzelnen Gerätedateien spezifische Dateisystemtypen zugeordnet werden. Bei früheren UNIX-Versionen ist die Datei /etc/fstab auf existierende Dateisystemtypen zu untersuchen. Wird bei Aufruf von mkfs eine Gerätedatei angegeben, so wird in dieser Datei nachgeschlagen, welcher Dateisystemtyp zu verwenden ist.

2.7.2   Ein- und Aushängen von Datenträgern

Zusätzliche Datenträger werden in UNIX nicht über eigene Laufwerksbuchstaben angesprochen, sondern ihr Dateisystem wird als Unterverzeichnis in den UNIX-Verzeichnisbaum aufgenommen. Dieser Vorgang wird als "Einhängen" bezeichnet. Nach dem Einhängen kann auf das Dateisystem des Datenträgers zugegriffen werden, indem die bekannten Kommandos für das Arbeiten mit Dateien und Verzeichnissen im Einhängeverzeichnis angewendet werden. Die einzige Einschränkung dabei ist, daß Links nicht dateisystemüberschreitend gesetzt werden können.

Das Programm mount dient zum Einhängen von Geräten, meist Disketten, in das bestehende Dateisystem.

```
/etc/mount [<Optionen>] <Geraetedateiname> <Verzeich-
                                            nisname>
```

Der <Geraetedateiname> bezeichnet in bekannter Weise das periphere Gerät, dessen Datenträger eingehängt werden soll. Durch <Verzeichnisname> wird die Stelle im Dateisystem angegeben, an der das Gerät eingehängt werden soll. Dabei ist zu beachten, daß das Verzeichnis bereits vorhanden sein muß. Enthält dieses Verzeichnis Dateien oder weitere Unterverzeichnisse, so kann auf diese nach erfolgreichem Einhängen nicht mehr zugegriffen werden. Die Abbildung 2.3 beschreibt, wie ein Diskettenlaufwerk über das Einhängeverzeichnis `diskette` in den Verzeichnisbaum des UNIX-Systems eingehängt werden kann. Die Benutzer `frank` und `jan` können über das Verzeichnis `diskette` auf das Diskettenlaufwerk zugreifen. Dabei darf das Medium über einen eigenen Verzeichnisbaum verfügen, hier die Verzeichnisse `daten` und `texte`.

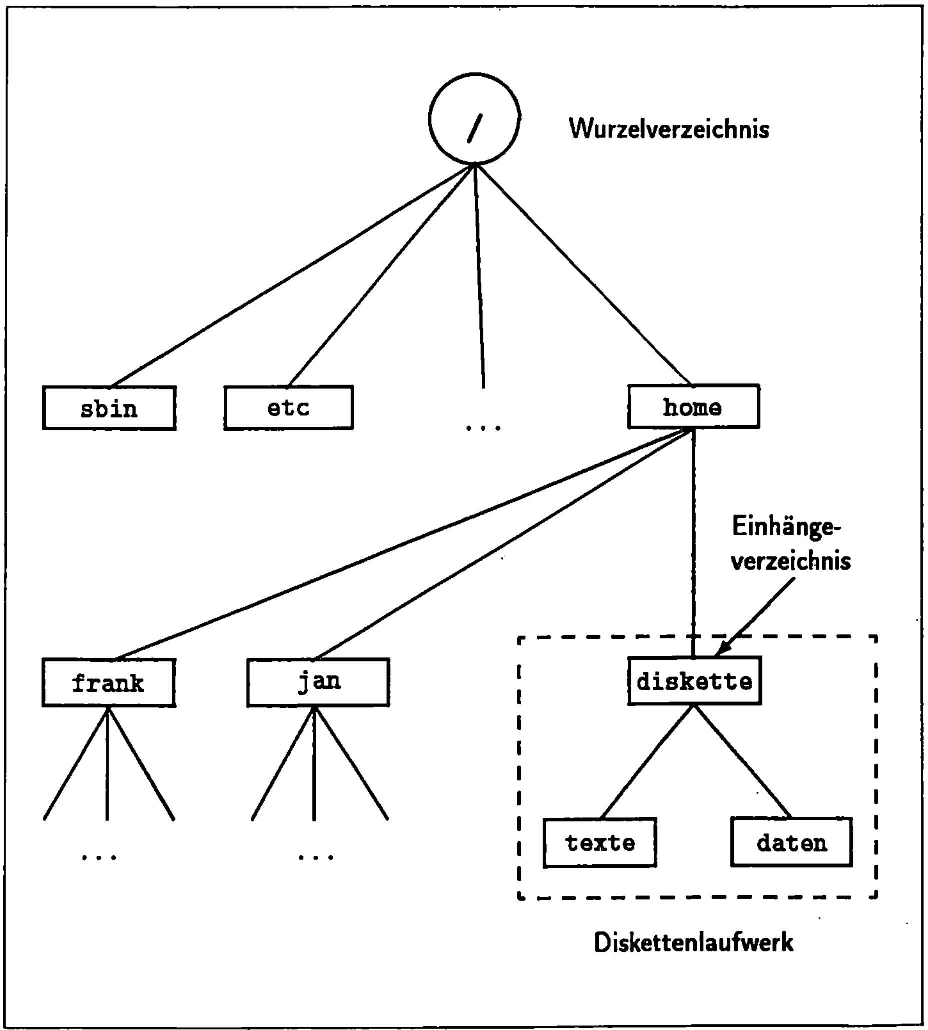

Abbildung 2.3: Zugriff auf eingehängte Verzeichnisse

Voraussetzungen für ein erfolgreiches Einhängen sind:

1. Das Medium, z.B. die Diskette, ist mit `format` korrekt formatiert.

2. Auf dem Medium wurde mit `mkfs` ein entsprechendes Dateisystem angelegt. Wenn man einen Datenträger einhängen möchte und dieser kein Dateisystem besitzt, liefert `mount` eine entsprechende Fehlermeldung.

3. Der Benutzer verfügt über die notwendigen Rechte in dem angegebenen Verzeichnis und über das Recht zum Zugriff auf die angegebene Gerätedatei.

4. Der Name des Einhängeverzeichnisses ist als qualifizierter Name anzugeben.

Folgende Option steht beim `mount`-Kommando zur Verfügung:

- `-r`
  Das Gerät wird nur zum Lesen eingehängt. Ist das Medium der angegebenen Gerätedatei schreibgeschützt, so muß diese Option verwendet werden.

Wird `mount` ohne Option aufgerufen, so werden alle momentan eingehängten Geräte angezeigt. Diese Anzeige einschließlich weiterer Angaben über die Auslastung liefert auch das Kommando `df`.

Das Kommando `umount` dient zum Aushängen von bereits eingehängten Geräten. Hierbei kann entweder das Einhängeverzeichnis oder das Gerät als Argument angegeben werden.

```
/etc/umount {<Geraetedateiname>|<Verzeichnisname>}
```

Der Gebrauch des Einhängens soll an den folgenden Beispielen verdeutlicht werden.

Alle eingehängten Datenträger sollen angezeigt werden. Die konkrete Anzeige der Informationen ist bei den einzelnen UNIX-Varianten unterschiedlich. Sie hängt auch von der konkreten Ausstattung mit Magnetplatten und Disketten ab sowie davon, wie die zugehörigen Gerätedateien in UNIX verwaltet werden. Der Informationsgehalt ist aber normalerweise gleich.

```
$ /etc/mount
```

```
/          auf /dev/root lesen/schreiben/setuid
              Sa Feb 20 11:37:34 1993
/proc      auf /proc lesen/schreiben
              Sa Feb 20 11:37:36 1993
/dev/fd auf /dev/fd lesen/schreiben
              Sa Feb 20 11:37:36 1993
/stand    auf /dev/dsk/0s10 lesen/schreiben
              Sa Feb 20 11:37:39 1993
```

oder

```
$ df
```

```
/          (/dev/root     ): 263400 Bloecke   43428 Dateien
/proc      (/proc         ):      0 Bloecke     183 Dateien
/dev/fd (/dev/fd       ):      0 Bloecke       0 Dateien
/stand    (/dev/dsk/0s10):   5730 Bloecke      89 Dateien
```

Diese Angaben besagen, daß die Magnetplatte in vier logische Teile geteilt wurde, die durch die Gerätedateien /dev/root, /proc, etc., angesteuert werden. Das Dateisystem des ersten Teils beherbergt das Hauptverzeichnis / mit allen Unterverzeichnissen außer den folgenden. Das Verzeichnis /proc stellt die Wurzel für das Prozeß-Dateisystem dar, das zum Zugriff auf den Adreßraum von Prozessen dient. Die Gerätedatei bzw. das Dateisystem /dev/fd dient zur Ansteuerung spezifischer Laufwerke. Das Verzeichnis /stand enthält die Startdateien des UNIX-Systems und wird auf die Partition 0s10 der Magnetplatte abgebildet.

Eine frische, noch unformatierte 5.25"-HD-Diskette soll im Verzeichnis /home/frank/diskette eingehängt werden. Dazu muß sie vorher formatiert werden, und ein Dateisystem muß angelegt werden. Nach getaner Arbeit soll sie wieder ausgehängt werden.

- Die Diskette ist zu formatieren.

```
$ /etc/format /dev/rdsk/f05ht
```

- Ein Dateisystem ist auf der Diskette anzulegen.

```
$ /etc/mkfs /dev/dsk/f0t 2400
```

- Das Verzeichnis zum Einhängen soll im Stammverzeichnis angelegt werden.

```
$ cd /home/frank
$ mkdir diskette
```

- Die Diskette wird unter Verwendung des Gerätedateinamens im Verzeichnis **diskette** eingehängt.

```
$ /etc/mount /dev/dsk/f0t /home/frank/diskette
```

- Das mount-Kommando bestätigt das erfolgreiche Einhängen.

```
$ /etc/mount

/              auf /dev/root lesen/schreiben/setuid
               Sa Feb 20 11:37:34 1993
/proc          auf /proc lesen/schreiben
               Sa Feb 20 11:37:36 1993
/dev/fd   auf /dev/fd lesen/schreiben
               Sa Feb 20 11:37:36 1993
/stand    auf /dev/dsk/0s10 lesen/schreiben
               Sa Feb 20 11:37:39 1993
/home/frank/diskette
               auf /dev/dsk/f0t lesen/schreiben/setuid
               Sa Feb 20 14:18:32 1993
```

- Um mit der Diskette zu arbeiten, muß man zunächst in das Einhängeverzeichnis wechseln.

```
$ cd diskette
```

Diese Anweisung ist vergleichbar mit dem DOS-Befehl **A:**.

- Das Inhaltsverzeichnis der Diskette kann ausgegeben werden.

```
$ ls -l
```

```
Gesamt 2
drwxrwxrwx  2 frank   frank     32 Feb 20 14:15 lost+found
```

- Dateien können auf die Diskette kopiert werden.

    $ cp /home/frank/erste.uebung /home/frank/diskette

oder einfacher

    $ cp /home/frank/erste.uebung

- Die Diskette wird durch Wechseln in das übergeordnete Verzeichnis verlassen.

    $ cd ..

- Das Diskettenlaufwerk wird wieder ausgehängt.

    $ umount /dev/dsk/f0t

oder

    $ umount /home/frank/diskette

ACHTUNG: Wenn eine Diskette aus einem noch eingehängten Laufwerk entfernt wird, so beschädigt dies das Dateisystem der Diskette. Vor dem Entfernen der Diskette muß unbedingt das Kommando umount aufgerufen werden !

2.7.3   Prüfen von Dateisystemen

Wird ein Dateisystem auf einem Datenträger beschädigt, z.B. durch Entnehmen einer Diskette, ohne sie vorher ausgehängt zu haben, so kann mit dem Programm fsck das Dateisystem überprüft und ggf. repariert werden. Sind keine Fehler auf einem Dateisystem festzustellen, wird die Anzahl der belegten und freien Blöcke ausgegeben. Ist ein Dateisystem defekt und werden die Korrekturmaßnahmen von fsck ausgeführt, so gehen dabei meist Informationen vom jeweiligen Datenträger verloren. Der äquivalente DOS-Befehl heißt CHKDSK.

Die Syntax des Kommandos lautet:

```
/etc/fsck [<Geraetedateiname>]
```

Wenn keine speziellen Gerätedateien angegeben werden, entnimmt `fsck` diese der Datei **/etc/checklist**. Diese Datei enthält eine Liste der zur Prüfung voreingestellten Gerätedateien.

Im folgenden Beispiel soll das Dateisystem auf einer Diskette überprüft werden.

```
$ /etc/fsck /dev/dsk/f0t


/dev/dsk/f0t
Dateisystem:  Laufwerk:

** Phase 1 - Ueberpruefen der Blockanzahl und Groessen
** Phase 2 - Ueberpruefen der Pfadnamen
** Phase 3 - Ueberpruefen der Verweise
** Phase 4 - Ueberpruefen der Anzahl der Referenzen
** Phase 5 - Ueberpruefen der Freiliste
4 Dateien 6 Bloecke 2354 Frei
```

`fsck` erledigt noch weitere spezifische Funktionen. Bei Bedarf ist mit dem man-Kommando im Online-Manual nachzuschlagen.

2.8 Datensicherung

2.8.1 Sicherung auf Disketten/Magnetbänder

Das Sichern von Dateien in UNIX kann auf zwei Arten erfolgen:

1. Über das Dateisystem kann auf Disketten gesichert werden. Wenn über das Dateisystem gesichert werden soll, muß die Diskette vorher formatiert und mit einem Dateisystem versehen werden, wie es im Abschnitt 2.7.1 beschrieben wurde. Danach kann die Diskette über das Programm `mount` in das Dateisystem eingehängt werden. Ist dies geschehen, kann die Diskette über das Einhängeverzeichnis mit den üblichen UNIX-Kommandos angesprochen werden, wie beispielsweise `cp`, `cat`, `ls`, etc. Das Sichern läßt sich damit durch ein einfaches Kopieren bewerkstelligen. Nach dem Sichern muß die Diskette mit `umount` wieder ausgehängt werden.

2. Mit den im folgenden vorgestellten Programmen `tar` und `cpio` kann direkt auf Magnetbänder oder Disketten gesichert werden. Die Programme `tar` und `cpio` erstellen *Archive*, die aus den gesicherten Dateien bestehen, und kopieren diese Archive dann wahlweise auf externe Medien, wie beispielsweise Magnetband oder Diskette.

Folgende Umstände sollten beim Sichern und Übertragen von UNIX-Dateien berücksichtigt werden:

1. Datensicherungen können auf mehrere Arten erfolgen. Dies sollte besonders beim Einspielen von Fremdsoftware berücksichtigt werden, denn zum Einspielen muß das jeweils "passende" Gegenprogramm eingesetzt werden.

2. Disketten können zwischen DOS und UNIX nicht ausgetauscht werden. Zwar haben beide Systeme ähnliche logische Diskettenformate, jedoch unterscheiden sich der Diskettenaufbau und das Dateisystem gravierend. Um diese Schwachstelle zu beseitigen, besitzen einige UNIX-Systeme Hilfsprogramme wie z.B. `dosdir`, `dosread` und `doswrite`.[2]

3. Wenn Texte zwischen UNIX und DOS konvertiert werden sollen, ist darauf zu achten, daß die Zeilenendezeichen richtig umgesetzt werden. DOS verwendet als Zeilenendezeichen die Zeichen 10 (LF) und 13 (CR) als dezimale ASCII-Zeichen. In UNIX wird lediglich das Zeichen 10 verwendet. Übertragungsprogramme erledigen diese Aufgabe normalerweise problemlos.

2.8.2   Lesen und Schreiben von Archiven mit `cpio`

Das Kommando `cpio` erstellt Archive aus den zu sichernden Dateien, indem es die Dateien "packt", überträgt diese Archive zwischen Magnetplatte und Magnetband/Diskette hin und her und kann Archive in Dateien des Dateisystems zurückverwandeln. Das Kommando `cpio` kennt drei Ausprägungen:

- `cpio -o [<Optionen>]` — Schreiben in ein Archiv ("out")

---

[2] Näheres hierzu findet man in den Handbuchseiten zu `dos(1)`.

liest von der Standardeingabe eine Liste von Dateinamen und kopiert diese Dateien zusammen mit den dazugehörigen Pfadnamen und Statusinformationen auf die Standardausgabe. Das DOS-Kommando BACKUP kann als Äquivalent angesehen werden. Über die Option -O <Geraetedateiname> erfolgt die Ausgabe auf das durch die angegebene zeichenorientierte Gerätedatei spezifizierte Sicherungsmedium. Bei der Option -v werden die Namen der ausgelagerten Dateien ausgegeben; bei der Option -d werden, falls notwendig, Unterverzeichnissse angelegt.

- cpio -i [<Optionen>] [<Muster>] — Lesen aus einem Archiv ("in")

  liest Dateien aus der Standardeingabe. Es wird erwartet, daß die Standardeingabe das Ergebnis eines vorhergehenden cpio -o Kommandos ist. Durch die Option -I <Geraetedateiname> wird von der angegebenen zeichenorientierten Gerätedatei gelesen. Dabei können in <Muster> reguläre Ausdrücke angegeben werden, die die Namen der auszuwählenden und zu erzeugenden Dateien spezifizieren. Jedes Muster muß in Anführrungszeichen angegeben werden. Die gelesenen Dateien werden im Verzeichnisbaum erstellt. Die Zugriffsrechte werden so eingestellt, wie sie vom vorhergehenden cpio -o Kommando gespeichert wurden. Der Eigentümer und die Gruppe werden vom aktuellen Benutzer übernommen, sofern der aktuelle Benutzer kein Systemverwalter ist. Bei Option -v werden die Namen der eingelagerten Dateien ausgegeben, bei Option -d Unterverzeichnissse falls notwendig angelegt. Diese Variante des Kommandos entspricht dem DOS-Kommando RESTORE.

- cpio -p [<Optionen>] [<Verzeichnisname>] — Selektives Lesen aus Archiven ("pass")

  liest von der Standardeingabe eine Liste von Dateinamen, die dann in das angegebene Verzeichnis kopiert werden.

Als Beispiel soll eine Archivdatei des aktuellen Verzeichnisses erstellt werden. Die dazu notwendige Liste der Dateinamen wird von ls erzeugt und über eine Pipe an cpio weitergegeben, dessen Standardausgabe in die archivdatei umgeleitet wird.

```
$ ls | cpio -o > archivdatei
```

Eine Archivdatei des aktuellen Verzeichnisses soll auf einer Diskette erzeugt werden. Die Namenskonventionen für die Gerätedatei wurden bereits besprochen.

$ *ls | cpio -oO /dev/rdsk/f0t*

Die Archivdatei soll wieder entpackt werden; alle Dateien sollen in das Dateisystem eingefügt werden; eventuell sind neue Verzeichnisse anzulegen. Die Ausgabe des `cat`-Kommandos wird durch eine Pipe dem `cpio`-Kommando als Standardeingabe zur Verfügung gestellt.

$ *cat archivdatei | cpio -id "*"*

Alle Dateien mit der Endung `.text` sollen von der soeben angelegten Sicherungsdiskette in das Dateisystem zurückkopiert werden.

$ *cpio -idI /dev/rdsk/f0t "*.text"*

Eine Alternative zum Kommando `cpio` ist die Arbeit mit `tar`.

2.8.3 Verwalten von Archiven auf Disketten/Magnetbändern mit `tar`

`tar` verwaltet Dateien auf Magnetbändern und Disketten. Es hat generell folgende Form:

```
tar [<Optionen>] {<Dateiname>|<Verzeichnisname>} ...
```

Die drei wesentlichen Ausprägungen des `tar`-Kommandos werden durch die Optionen -c, -r, -u, -t oder -x angesprochen, die jeweils als erste Option stehen müssen:

- Ein Archiv wird erzeugt oder geändert:
  Hierfür werden die Optionen -c, -r und -u eingesetzt. Dabei gilt für diese Optionen:

- -c ("create"):
  Ein neues Archiv der in `Dateiname` bzw. `Verzeichnisname` angegebenen Dateien wird auf dem angegebenen Gerät erstellt; das Schreiben der Dateien beginnt am Anfang des Bandes bzw. der Diskette.

- -r ("replace"):
  Die genannten Dateien werden ans Ende des angegebenen Mediums angehängt.

- -u ("update"):
  Die angegebenen Dateien werden auf dem angegebenen Medium aktualisiert.

Folgende weitere Optionen sind bei dieser Kommandoausprägung wichtig:

- -f <Geraetedateiname> ("file")
  Das Gerät wird angegeben, auf dem `tar` sichern soll.

- -w ("what")
  Für jede Datei wird erst nach einer Bestätigung verlangt, bevor die Aktion ausgeführt wird.

- -v ("verbose")
  Die Namen der gerade archivierten Dateien werden ausgegeben.

- Ein Inhaltsverzeichnis des angegebenen Mediums wird ausgegeben: Hierfür wird die Option -t ("table") eingesetzt. Bei dieser Kommandoausprägung ist nur die weitere Option -f <Geraetedateiname> ("file") einsetzbar, durch die der Ort der Archivdatei angegeben wird.

- Die Dateien werden vom Archiv wiederhergestellt:
  Hierfür wird die Option -x ("eXtract") eingesetzt. Wird ein Verzeichnisname angegeben, so wird das Verzeichnis komplett mit allen Unterverzeichnissen vom Band gelesen. Der Eigentümer, die Zeit der letzten Änderung und der Modus werden übernommen, sofern keine Optionen anderes vorschreiben. Wenn das Argument <Dateiname> ausgelassen wird, werden alle Dateien vom angegebenen Gerät gelesen. Folgende weitere Optionen sind bei dieser Kommandoausprägung wichtig:

- -f <Geraetedateiname> ("file")
  Das Gerät mit der Archivdatei wird angegeben, von dem tar die Dateien wiederherstellen soll.

- -w ("what")
  Für jede Datei wird erst nach einer Bestätigung verlangt, bevor die Aktion ausgeführt wird.

- -v ("verbose")
  Die Namen der gerade wiederhergestellten Dateien werden ausgegeben.

- -m ("modify")
  Die Zeit der letzten Änderung von Dateien wird nicht wiederhergestellt. Als Zeit der letzten Änderung wird die Zeit eingestellt, zu der die Datei aus dem Archiv gelesen wurde.

- -o ("overlap")
  tar übernimmt beim Anlegen von Dateien den Eigentümer und die Gruppenzugehörigkeit des aktuellen Benutzers, d.h. des Benutzers, der das tar-Kommando abgesetzt hat.

- -p ("permission")
  Die gespeicherten Zugriffsrechte der gesicherten Dateien werden wiederhergestellt. Diese Option steht im Gegensatz zur Option -o.

Folgende Beispiele demonstrieren den Einsatz des tar-Kommandos:

Es soll auf einem Diskettenlaufwerk gesichert werden. Im Gegensatz zu den vorher erläuterten zeichenorientierten Gerätedateinamen aus dem Verzeichnis /dev/rdsk/ kann tar auch die blockorientierten Gerätedateinamen aus dem Verzeichnis /dev/dsk verwenden. Praktisch können sich die beiden Zugriffsmethoden durch den erzielten Datendurchsatz unterscheiden.[3] Für die Benennung der blockorientierten Gerätedateinamen gilt die gleiche Namensgebung wie bei zeichenorientierten Gerätedateien.

Alle Dateien aus dem aktuellen Verzeichnis sollen auf einer Diskette gesichert werden. Der Sicherungsfortgang soll angezeigt werden.

```
$ tar -cvf /dev/rdsk/f0t
```

---

[3] Auf dem Referenzsystem Generics UNIX lag der erreichte Datendurchsatz bei Verwendung der zeichenorientierten Gerätedateinamen aus /dev/rdsk signifikant höher.

```
a ./ 0 Bandbloecke
a ./.profile 1 Bandbloecke
a ./shell.text 144 Bandbloecke
a ./erste.uebung 1 Bandbloecke
a ./1stext.text 31 Bandbloecke
a ./hilfetext 37 Bandbloecke
a ./.cshrc 1 Bandbloecke
a ./winter.gedicht 1 Bandbloecke
a ./sommer.gedicht 1 Bandbloecke
```

Der Archivinhalt soll ausgegeben werden.

$ *tar -tvf /dev/rdsk/f0t*

```
-rwxr-xr-x106/1          0 Feb 20 14:28 1993 .
-rw-r--r--106/1        144 Feb 20 11:40 1993 ./.profile
-rw-r--r--106/1      73349 Feb 20 12:47 1993 ./shell.text
-rw-r--r--106/1         94 Feb 20 12:42 1993 ./erste.uebung
-rw-r--r--106/1      15798 Feb 20 12:28 1993 ./1stext.text
-rw-rw-rw-105/1      18654 Feb 20 12:28 1993 ./hilfetext
-rw-r--r--106/1        442 Feb 20 13:34 1993 ./.cshrc
-rw-r--r--106/1         99 Feb 20 13:43 1993 ./winter.gedicht
-rw-r--r--106/1        100 Feb 20 13:45 1993 ./sommer.gedicht
```

Der gesamte Archivinhalt soll zurückgespielt werden. Die Benutzer- und
Gruppenkennungen des momentanen Benutzers sollen anstelle der gesicherten übernommen werden.

$ *tar -xvof /dev/rdsk/f0t*

$ *ls -l*

```
Gesamt 226
-rw-r--r-- 1 frank  other      94 Feb 20 12:42 erste.uebung
-rw-r--r-- 1 frank  other   18654 Feb 20 12:28 hilfetext
-rw-r--r-- 1 frank  other   15798 Feb 20 12:28 1stext.text
-rw-r--r-- 1 frank  other   73349 Feb 20 12:47 shell.text
-rw-r--r-- 1 frank  other     100 Feb 20 13:45 sommer.gedicht
-rw-r--r-- 1 frank  other      99 Feb 20 13:43 winter.gedicht
```

Alle Dateien mit Dateinamen mit der Erweiterung .gedicht sollen zurückgespielt werden. Die Zeit der Änderung soll vom Archiv übernommen werden.

```
$ tar -xvmf /dev/rdsk/f0t ./*.gedicht


x ./winter.gedicht, 99 Bytes, 1 Bandbloecke
x ./sommer.gedicht, 100 Bytes, 1 Bandbloecke


$ ls -l *.gedicht


-rw-r--r--  1 frank   other        100 Feb 20 14:38 sommer.gedicht
-rw-r--r--  1 frank   other         99 Feb 20 14:38 winter.gedicht
```

Zu beachten ist die Angabe des relativen Pfads der Dateien durch ./. Durch Angabe von *.gedicht ohne ./ würde keine Datei zurückgespielt werden.

Als Zeit für die letzte Änderung wird bei den beiden zurückgesicherten Dateien jetzt die Zeit der Rücksicherung anstelle der ursprünglich vorhandenen Zeit angegeben.

Die regelmäßige Arbeit mit tar kann durch Voreinstellung von Gerätedateien vereinfacht werden. Dies ist aber stark systemabhängig und soll daher hier nicht weiter vertieft werden.

cpio und tar arbeiten ähnlich, jedoch sind die mit cpio und tar erstellten Archive nicht zueinander kompatibel.

2.9 Kommandovergleich DOS-UNIX

Die Kommandos in dieser Gegenüberstellung sind nicht immer in ihrer Funktionsweise identisch. Die Wirkungsweise mancher DOS-Kommandos wie APPEND oder TREE ist nur durch geschickte Ausnutzung der Möglichkeiten von UNIX-Kommandos zu simulieren.

<u>DOS</u>	<u>UNIX</u>
APPEND	ln
ATTRIB	chmod, umask
BACKUP	cpio, tar
CHKDSK	fsck
CLS	clear
COMP	diff
DATE	date
DOSKEY	history
ECHO	echo
EDIT	vi
FC	diff
FIND	grep
FORMAT	format, mkfs
PATH	PATH=, export PATH
PRINT	lp, lpstat
PRINT /C	cancel
RESTORE	cpio, tar
SORT	sort
TIME	date
TREE	find -print

2.10   Übungsblock

Die Übungen in diesem Abschnitt beziehen sich alle auf die untenstehende Datei autos.uebung. Diese Datei enthält Daten über Automobile.

115	11.3	88	Volkswagen	Golf GTI
320	6.5	92	Porsche	368
165	12.4	89	Ford	Scorpio
52	17.3	91	Renault	Clio
128	12.9	90	BMW	323i
125	13.6	88	Volvo	264GL
115	15.7	83	Saab	99GLE
101	11.9	90	Volkswagen	Corrado
68	16.6	87	Honda	Accord LX

```
 77  20.1  86  Mercedes  300D
 71  24.8  84  Peugeot   504
 75  17.5  87  Mazda     626
100  12.5  88  Mazda     RX-7 GS
 88  15.1  80  Triumph   TR7 Coupe
 88  16.4  88  Opel      Omega
 56  17.8  92  Opel      Astra
 86  15.6  82  Ford      Mustang GL
```

In Spalte 1 wird die PS-Zahl, in Spalte 2 die Beschleunigung von 0 auf 100 und in Spalte 3 das Baujahr angegeben. Spalte 4 und 5 enthalten die Herstellerfirma und den Typ. Die Liste kann nach Belieben ergänzt werden; ihr innerer Aufbau muß aber erhalten bleiben, damit die vorgeschlagenen Übungsaufgaben mit den vorgestellten Lösungen zusammenpassen.

Die Arbeiten sollten im Stammverzeichnis des Benutzers ausgeführt werden. Für den Benutzer `frank` lautet der Name des Stammverzeichnisses `/home/frank`.

Das aktuelle Verzeichnis soll überprüft werden:

```
$ pwd
```

```
/home/frank
```

Falls das angezeigte Verzeichnis nicht das eigene Stammverzeichnis ist, muß dies eingestellt werden:

```
$ cd
```

Die Datei `autos.uebung` soll mit dem Standardeditor erzeugt werden:

```
$ vi autos.uebung
```

```
□



~

...
~

"autos.uebung" [Neue Datei]
```

Der Texteingabemodus ist zu aktivieren, und die Tabelle der Automobile ist exakt wie angegeben zu erfassen. Um die Spaltenformatierung korrekt einzugeben, verwendet man Leerzeichen oder die Tabulator-Taste. Schließlich ist die Eingabe zu beenden und die Datei zu speichern:

   a

   ...(Eingabe der Zeilen)...

   `ESC`

   ZZ oder *:wq* `RETURN`

Die eingegebene Datei soll visuell überprüft werden:

   $ cat autos.uebung

oder

   $ more autos.uebung

Falls bei der Eingabe Fehler unterlaufen sind, kann für Korrekturen `vi autos.uebung` erneut aufgerufen werden. Z.B. soll die 7. Zeile gelöscht werden, und die PS-Zahl des Porsche ist zu korrigieren. Danach sind die Änderungen zu sichern.

   $ vi autos.uebung

```
115   11.3   88   Volkswagen Golf GTI
320    6.5   92   Porsche    368
165   12.4   89   Ford       Scorpio
 52   17.3   91   Renault    Clio
128   12.9   90   BMW        323i
125   13.6   88   Volvo      264GL
115   15.7   83   Saab       99GLE
101   11.9   90   Volkswagen Corrado
 68   16.6   87   Honda      Accord LX
 77   20.1   86   Mercedes   300D
 71   24.8   84   Peugeot    504
```

```
 75  17.5  80  Mazda        626
100  12.5  80  Mazda        RX-7 GS
 88  15.1  80  Triumph      TR7 Coupe
 88  16.4  88  Opel         Omega
 56  17.8  92  Opel         Astra
 86  15.6  82  Ford         Mustang GL
```

6jdd

```
...
128  12.9  90  BMW          323i
125  13.6  88  Volvo        264GL
101  11.9  90  Volkswagen   Corrado
 68  16.6  87  Honda        Accord LX
...
```

/Porsche `RETURN`

0wlr1 `RETURN`

```
...
310   6.5  92  Porsche      368
...
```

ZZ

Die weitere Arbeit soll mit einer Kopie dieser Datei in einem zusätzlich anzulegenden Unterverzeichnis erfolgen:

$ mkdir arbeit

$ cp autos.uebung arbeit

$ cd arbeit

$ pwd

```
/home/frank/arbeit
```

Für den Namen der Autodatei soll eine Umgebungsvariable geschaffen werden.

```
$ autos=autos.uebung

$ export autos

$ more $autos


 115  11.3   88  Volkswagen Golf GTI
 ...
```

Von jetzt ab kann in allen Befehlen der Name der Autodatei durch die Variable $auto ersetzt werden.

In der C-Shell soll der Befehl dir als Alias geschaffen werden.

```
$ csh

% alias dir "ls -la | more"

% dir


Gesamt 6
drwxr-xr-x  2 frank   other      48 Feb 20 14:44 .
drwxr-xr-x  3 frank   other     192 Feb 20 14:44 ..
-rw-r--r--  1 frank   other     605 Feb 20 14:44 autos.uebung
```

Der Befehlspuffer soll angezeigt werden.

```
% history


...
15 dir
16 history
```

Falls an dieser Stelle der Befehlspuffer nicht ausgegeben wird, so überprüfen Sie bitte die Einstellung der Umgebungsvariablen history in der csh-Profildatei.

Der letzte dir-Befehl soll wiederholt werden.

```
% !d
```

```
Gesamt 6
drwxr-xr-x  2 frank  other      48 Feb 20 14:44 .
drwxr-xr-x  3 frank  other     192 Feb 20 14:44 ..
-rw-r--r--  1 frank  other     605 Feb 20 14:44 autos.uebung
```

Die C-Shell ist abzuschalten.

```
% CONTROL d
$
```

Alle Dateien, deren Namen mit `.uebung` endet und die dem Benutzer `frank` gehören, sollen im gesamten Dateisystem ermittelt werden; ihr Name soll auf dem Bildschirm angegeben werden.

$ find / -name ".uebung" -user frank -print*

```
/home/frank/erste.uebung
/home/frank/autos.uebung
/home/frank/arbeit/autos.uebung
```

Alle Dateien, deren Namen mit `.uebung` endet, sollen im Stammverzeichnis des Benutzers und allen Unterverzeichnissen ermittelt und hintereinander mit `more` auf dem Bildschirm ausgegeben werden.

$ find /home/frank -name ".uebung" -exec more {} \;*

```
Hier geben Sie Text im vi ein;
...
115  11.3   88  Volkswagen Golf GTI
...
115  11.3   88  Volkswagen Golf GTI
...
```

Die Datei `autos.uebung` soll nach Autos des Herstellers `Opel` durchsucht werden:

$ grep Opel autos.uebung

```
88  16.4   88  Opel       Omega
56  17.8   92  Opel       Astra
```

Ist die Schreibweise einer Zeichenfolge nicht bekannt, so sollte man von
der Option -i Gebrauch machen. Dadurch ignoriert **grep** die Unterschiede zwischen Groß- und Kleinschreibung:

$ grep -i opel autos.uebung

```
88  16.4   88  Opel       Omega
56  17.8   92  Opel       Astra
```

oder

$ grep -i OpEl autos.uebung

```
88  16.4   88  Opel       Omega
56  17.8   92  Opel       Astra
```

Bei der Suche nach Zeichenfolgen können auch Platzhalter verwendet
werden. Alle Hersteller oder Modelle, die mit den Buchstaben "Vo"
anfangen, werden gesucht:

$ grep Vo autos.uebung*

```
115  11.3   88  Volkswagen Golf GTI
125  13.6   88  Volvo      264GL
101  11.9   90  Volkswagen Corrado
```

Die Autodatei ist nach Hersteller und Modell zu sortieren, d.h. nach
Spalte 4 und 5. Die sortierte Datei heißt `autos.sortiert`.

$ sort +3 -4 autos.uebung > autos.sortiert

$ cat autos.sortiert

```
128  12.9  90  BMW         323i
 86  15.6  82  Ford        Mustang GL
165  12.4  89  Ford        Scorpio
 68  16.6  87  Honda       Accord LX
 75  17.5  87  Mazda       626
100  12.5  88  Mazda       RX-7 GS
 77  20.1  86  Mercedes    300D
 56  17.8  92  Opel        Astra
 88  16.4  88  Opel        Omega
 71  24.8  84  Peugeot     504
320   6.5  92  Porsche     368
 52  17.3  91  Renault     Clio
 88  15.1  80  Triumph     TR7 Coupe
101  11.9  90  Volkswagen  Corrado
115  11.3  88  Volkswagen  Golf GTI
125  13.6  88  Volvo       264GL
```

Man beachte, daß die Sortierung nach Spalte 4 und 5 durch die Angaben +3 und −4 erreicht wird, da das Sortierkommando Spaltenangaben stets in der Form n+1 interpretiert.

Die Datei `autos.uebung` soll nach PS-Leistung, einer numerischen Größe in der 1. Spalte, sortiert werden:

```
$ sort -n +0 autos.uebung
```

```
52  17.3  91  Renault     Clio
56  17.8  92  Opel        Astra
...
```

Die Anzahl der Zeilen und Wörter der Datei `autos.uebung` ist zu ermitteln.

```
$ wc -lw autos.uebung
```

```
16      85      autos.uebung
```

Die beiden auto-Dateien sollen mit Hilfe von `diff` verglichen werden. Dabei sollen Leerzeichen und Tabulatoren ignoriert werden und ein ed-Kommandoskript unter dem Namen `delta` zur weiteren Verwendung erzeugt werden:

```
$ diff -eb autos.uebung autos.sortiert >delta
```

Der Inhalt von `delta` kann nun verifiziert werden:

```
$ cat delta
```

```
16c
        88  16.4    88  Opel        Omega
        71  24.8    84  Peugeot     504
       310   6.5    92  Porsche     368
        52  17.3    91  Renault     Clio
        88  15.1    80  Triumph     TR7 Coupe
       101  11.9    90  Volkswagen  Corrado
       115  11.3    88  Volkswagen  Golf GTI
       125  13.6    88  Volvo       264GL
.
13,14c
        77  20.1    86  Mercedes    300D
.
9,10d
6,7c
        86  15.6    82  Ford        Mustang GL
       165  12.4    89  Ford        Scorpio
.
1,4d
```

Mit dem Erstellen des Deltas ist die Datei `autos.sortiert` redundant geworden und könnte somit eigentlich gelöscht werden. Um jedoch die Wirkung des Deltas nachprüfen zu können, soll diese Datei an dieser Stelle nur umbenannt werden:

```
$ mv autos.sortiert autos.old
```

An das Delta sollte als letzte ed-Anweisung noch der Befehl zum Schreiben der Datei `autos.sortiert` angehängt werden:

```
$ vi delta
```

```
...
6,8c
         86  15.6   82  Ford       Mustang GL
        165  12.4   89  Ford       Scorpio
.
1,4d
```

Go⌷RETURN⌷

w autos.sortiert⌷RETURN⌷

.⌷RETURN⌷

q⌷RETURN⌷

⌷ESC⌷

:wq⌷RETURN⌷

q⌷RETURN⌷

Nun kann das Delta mit Hilfe des Editors ed ausgeführt werden:

$ ed autos.uebung < delta

Durch diesen Aufruf erzeugt **ed** die Datei **autos.sortiert**, die der Datei **autos.old** gleicht. Die Kontrolle findet wiederum mit **diff** statt:

$ diff autos.sortiert autos.old

Da **diff** keine Ausgabe produziert, kann davon ausgegangen werden, daß beide Dateien gleich sind. Das Delta und die Sicherungsdatei **autos.old** können nun gelöscht werden:

$ rm delta autos.old

Die beiden Dateien **autos.uebung** und **autos.sortiert** sollen auf dem Standarddrucker des Systems ausgedruckt werden.

Zuerst sollte man herausfinden, wie der Standarddrucker des Systems heißt:

$ lpstat -s

```
Standarddrucker des Systems:     necp6
Geraet fuer necp6: /dev/lp
```

Die Dateien sollen formatiert und über eine Pipe an den Drucker gesendet werden:

$ *pr $autos autos.sortiert* | *lp*

```
Auftrags-Nummer ist necp6-15 (Standard-Eingabe)
```

Diese Auftragsnummer ist natürlich bei jedem System und in einem anderen Zeitpunkt verschieden.

Die Dateien sollen nicht auf dem Standarddrucker des Systems, sondern auf dem Drucker mit dem Namen `hplaser` gedruckt werden.

$ *pr autos.uebung autos.sortiert* | *lp -d hplaser*

```
Auftrags-Nummer ist hplaser-12 (Standard-Eingabe)
```

Die Aufträge in der Warteschlange sind zu kontrollieren:

$ *lpstat -o*

```
necp6-15         frank         525   Feb 20 14:20
hplaser-12       frank         525   Feb 20 14:23
```

Der zweite Druckauftrag ist abzubrechen:

$ *cancel hplaser-12*

```
Auftrag "hplaser-12" geloescht
```

Der Auftrag `necp6-15` soll angehalten werden.

$ *lp -i necp6-15 -H hold*

Das Anhalten des Auftrags `necp6-15` soll kontrolliert werden:

    $ *lpstat -o*

    necp6-15   frank   525   Feb 20 21:25 wird aufgehalten

Der Druckauftrag `necp6-15` soll fortgesetzt werden.

    $ *lp -i necp6-15 -H resume*

Die Beispieldateien `autos.uebung` und `autos.sortiert` sollen unter Verwendung des Kommandos `pr` formatiert und anschließend gedruckt werden. Dabei sollen die beiden Dateien nebeneinander ausgedruckt werden:

    $ *pr -m autos.uebung autos.sortiert*

Die Option `-m` sorgt für die mehrspaltige Ausgabe der angegebenen Dateien. Folgendes Resultat wird erzielt:

```
Feb 20 14:36 1992                                          Seite 1

115 11.3  88  Volkswagen Golf 128  12.9  90  BMW          323i
320  6.5  92  Porsche    368   86  15.6  82  Ford         Must
165 12.4  89  Ford       Scor 165  12.4  89  Ford         Scor
 52 17.3  91  Renault    Clio  68  16.6  87  Honda        Acco
128 12.9  90  BMW        323i  75  17.5  80  Mazda        626
125 13.6  88  Volvo      264G 100  12.5  80  Mazda        RX-7
101 11.9  90  Volkswagen Corr  77  20.1  86  Mercedes     300D
 68 16.6  87  Honda      Acco  56  17.8  92  Opel         Astr
 77 20.1  86  Mercedes   300D  88  16.4  88  Opel         Omeg
 71 24.8  84  Peugeot    504   71  24.8  84  Peugeot      504
 75 17.5  80  Mazda      626  320   6.5  92  Porsche      368
100 12.5  80  Mazda      RX-7  52  17.3  91  Renault      Clio
 88 15.1  80  Triumph    TR7   88  15.1  80  Triumph      TR7
 88 16.4  88  Opel       Omeg 101  11.9  90  Volkswagen   Corr
 56 17.8  92  Opel       Astr 115  11.3  88  Volkswagen   Golf
 86 15.6  82  Ford       Must 125  13.6  88  Volvo        264G
```

Nach dieser Überprüfung soll das Resultat auf dem Drucker ausgegeben werden:

```
$ pr -m autos.uebung autos.sortiert | lp
```

Das folgende Kommando druckt die Beispieldatei `autos.uebung`, numeriert die Zeilen und rückt jede Zeile um 10 Zeichen ein. Für den Kopf wird ein Titel vergeben:

```
$ pr -n -h "Auto-Beispieldatei" -o10 autos.uebung
```

Die Option -h stellt den Titel für den Seitenkopf ein; -o gibt an, um wieviel Zeichen eingerückt wird. Folgende Ausgabe wird gedruckt:

```
Feb 20 21:35 1992  Auto-Beispieldatei  Seite 1


        1    115   11.3   88  Volkswagen Golf GTI
        2    320    6.5   92  Porsche    368
        3    165   12.4   89  Ford       Scorpio
        4     52   17.3   91  Renault    Clio
        5    128   12.9   90  BMW        323i
        6    125   13.6   88  Volvo      264GL
        7    101   11.9   90  Volkswagen Corrado
        8     68   16.6   87  Honda      Accord LX
        9     77   20.1   86  Mercedes   300D
       10     71   24.8   84  Peugeot    504
       11     75   17.5   80  Mazda      626
       12    100   12.5   80  Mazda      RX-7 GS
       13     88   15.1   80  Triumph    TR7 Coupe
       14     88   16.4   88  Opel       Omega
       15     56   17.8   92  Opel       Astra
       16     86   15.6   82  Ford       Mustang GL
```

Die Beispieldateien sollen nun gesichert werden. In den folgenden Übungen wird davon ausgegangen, daß auf eine 5,25"-HD-Diskette gesichert werden soll. Der Name der zugehörigen Gerätedatei lautet `/dev/dsk/f05ht` zum Formatieren und `/dev/dsk/f0t` für die sonstigen Operationen. Vor dem eigentlichen Sicherungsvorgang muß die Diskette formatiert werden:

```
$ /etc/format /dev/rdsk/f05ht
```

```
formatiere ................
160 Spuren formatiert: 0 bis 159, Sektorversatz 2.
```

Für das Sichern über ein einzuhängendes Dateisystem muß die Diskette zuerst mit einem Dateisystem versehen werden:

```
$ /etc/mkfs /dev/rdsk/f0t 2400
```

```
Bytes pro logischem Block                      =      1024
Anzahl logischer Bloecke                       =      1200
Anzahl Inodes                                  =       288
Luecke (physikalische Bloecke)                 =         7
Zylinder Groesse (physikalische Bloecke) =       400
mkfs: Verfuegbare Bloecke = 1178
```

Nun kann die Diskette in ein neues Verzeichnis eingehängt werden:

```
$ mkdir diskette
```

```
$ /etc/mount /dev/dsk/f0t /home/frank/arbeit/diskette
```

Die Liste aller eingehängten Geräte erhält man durch:

```
$ /etc/mount
```

```
/ auf         /dev/root lesen/schreiben/setuid
              Sa Feb 20 11:37:34 1993
/proc auf     /proc lesen/schreiben
              Sa Feb 20 11:37:36 1993
/dev/fd auf /dev/fd lesen/schreiben
              Sa Feb 20 11:37:36 1993
/stand auf    /dev/dsk/0s10 lesen/schreiben
              Sa Feb 20 11:37:39 1993
/home/frank/arbeit/diskette auf /dev/dsk/f0t lesen/schreiben
              Sa Feb 20 15:06:15 1993
```

Auf der Diskette soll das Unterverzeichnis arbeit1 für die zu sichernden Dateien angelegt werden:

```
$ mkdir diskette/arbeit1
```

Der eigentliche Sicherungsvorgang erfolgt mit dem Kommando cp:

```
$ cp autos.* diskette/arbeit1
```

Die Sicherung sollte kontrolliert werden:

```
$ cd diskette/arbeit1
$ pwd
```

```
/home/frank/arbeit/diskette/arbeit1
```

```
$ ls -l autos.*
```

```
-rw-r--r--  1 frank  other    605 Feb 20 15:07 autos.sortiert
-rw-r--r--  1 frank  other    605 Feb 20 15:07 autos.uebung
```

Anschließend kann die Diskette wieder ausgehängt werden. Dazu muß man allerdings das Einhängeverzeichnis verlassen.

```
$ cd ..
$ cd ..
```

Das Aushängen wird mit dem Kommando umount erreicht:

```
$ /etc/umount /home/frank/arbeit/diskette
```

oder einfach

```
$ /etc/umount diskette
```

Da das Einhängeverzeichnis diskette nicht mehr notwendig ist, kann es wieder entfernt werden:

```
$ rmdir diskette
```

Um die Beispieldateien mit `cpio` zu sichern, gibt man den folgenden Befehl ein:

```
$ ls autos.* | cpio -ovO /dev/dsk/f0t
```

```
autos.uebung
autos.sortiert
10 Bloecke
```

Dabei übergibt `ls` die Liste der zu sichernden Dateien über eine Pipe an die Standardeingabe von `cpio`. Die Dateien werden von `cpio` über die Option `-O` auf die Diskette umgeleitet. Die gesicherten Dateien können aus dem `cpio`-Archiv zurückgespielt werden:

```
$ cpio -ivI /dev/dsk/f0t
```

```
autos.uebung
autos.sortiert
3 Bloecke
```

Um mit dem Programm `tar` zu sichern, probiert man zuerst den folgenden Befehl:

```
$ tar -cv autos.*
```

```
Datentraeger endet bei 1199K, Blockung = 1K
seek = 0K    a autos.sortiert 1K
seek = 2K    a autos.uebung 1K
```

Dieser Befehl verwendet als Ziel für die Sicherung das erste voreingestellte Gerät aus der Datei `/etc/default/tar`. Sollte diese Angabe nicht stimmen, muß das Zielgerät über die Option `-f` bei Aufruf des `tar`-Kommandos angegeben werden:

```
$ tar -cvf /dev/dsk/f0t autos.*
```

```
Datentraeger endet bei 1199K, Blockung = 1K
seek = OK    a autos.sortiert 1K
seek = 2K    a autos.uebung 1K
```

Der Sicherungsvorgang wird kontrolliert, indem das Verzeichnis des Archivs ausgegeben wird:

$ *tar -tv*

oder

$ *tar -tvf /dev/dsk/f0t*

```
-rw-r--r--106/1        605 Feb 20 14:57 1993 autos.sortiert
-rw-r--r--106/1        605 Feb 20 14:44 1993 autos.uebung
```

Das Zurückspielen der gesicherten Dateien erfolgt mit

$ *.tar -xv*

oder

$ *tar -xvf /dev/dsk/f0t*

```
x autos.sortiert, 605 Bytes, 1K
x autos.uebung, 605 Bytes, 1K
```

Die beiden Beispieldateien `autos.uebung` und `autos.sortiert` sollen im Unterverzeichnis gelöscht werden. Das Unterverzeichnis `arbeit` soll entfernt werden.

$ *rm autos.uebung autos.sortiert*

$ *cd ..*

$ *rmdir arbeit*

oder einfacher

$ *cd ..*

$ *rm -r arbeit*

Kapitel 3

Spezielle Gebiete von UNIX

3.1 Graphische Oberflächen

3.1.1 Das X-Window-System

Der Grundstein der graphischen Benutzeroberflächen wurde Mitte der
siebziger Jahre von der Firma XEROX gelegt. XEROX entwickelte die objektorientierte Programmiersprache Smalltalk, die über eine neuartige
Benutzerschnittstelle verfügt. Wesentliche Elemente dieser Benutzerschnittstelle stellen die Fenstertechnik, die Verwendung von Symbolen
und die interaktive Benutzerführung über eine Maus dar. Diese Eigenschaften integrierte dann die Firma APPLE in die Betriebssysteme ihrer Lisa- und Macintosh-Computer. Für DOS-basierende Systeme hat
sich der Betriebssystemaufsatz Windows als Standard für graphische
Benutzerschnittstellen entwickelt, unter OS/2 gibt es den Presentation
Manager. In der Welt des UNIX-Betriebssystems steht für nahezu jedes
UNIX-Derivat das X-Window-System zur Verfügung. Die Vorteile, die
prinzipiell alle der genannten graphischen Benutzerschnittstellen auf-
weisen, manifestieren sich in

- einfacher Bedienung durch Zeigeinstrumente, z.B. durch eine Maus,

- schneller Erlernbarkeit durch Symbole und

- individueller Anpaßbarkeit durch Fenstertechnik.

Beim *X-Window-System*, auch kurz "X" genannt, handelt es sich um
ein graphisches Fenstersystem, welches auf den Netzwerkfähigkeiten des
UNIX-Betriebssystems aufbaut. Es wurde im Jahre 1984 am MIT (Massachusetts Institute of Technology) entwickelt. Verschiedene Versionen
des X-Window-Systems wurden erarbeitet; die derzeit aktuelle ist die
Version 11, also X11.3. X11 entwickelte sich durch seine große Akzeptanz zum Industriestandard. Unterstützt wird es durch ein Konsortium,
in welchem namhafte Firmen wie DEC, HP, Sun, IBM und AT&T vereint sind.

Die Architektur des X-Window-Systems besteht aus zwei Teilen, dem
X-Display-Server und den *X-Clients*. Der X-Display-Server ist ein Programm, welches die Eingabe von Geräten wie Tastatur und Maus liest.
Außerdem verwaltet er die Ausgabe in verschiedenen Fenstern. Das
X-Display-Server-Programm läuft auf graphischen Terminals, den *X-Terminals*, oder auf PCs und Workstations, die ein solches Terminal
simulieren.

Die X-Clients sind die eigentlichen Anwendungsprogramme, die sich
zur Behandlung der Eingabe und zur Verwaltung der Ausgabe des X-Display-Servers bedienen. Ein X-Display-Server kann dabei mit mehreren X-Clients zusammenarbeiten. Server und Client sind jeweils eigene
UNIX-Prozesse. Sie können auf dem gleichen Rechner ablaufen, können
aber auch auf verschiedenen Maschinen in einem Netzwerk arbeiten, da
auch die Arbeit über das Netzwerk hinweg durch das X-System geregelt
wird. So kann man von einem grafikfähigen Terminal aus eine Datenbankabfrage mit Grafikausgabe starten, in einem zweiten Fenster ein
Spiel, das auf einem zweiten Rechner läuft, und gleichzeitig noch ein
Textverarbeitungsprogramm in einem dritten Fenster aufrufen.

Viele graphikfähige Terminals an UNIX-Systemen sind von vornherein so eingestellt, daß sie graphisch orientierte Bedienungsmöglichkeiten durch eigene Zusatzprogramme anbieten. In diesen Fällen sind die
Bedienungsanweisungen der Zusatzprogramme zu befolgen.

3.1.2   xterm

Der `xterm`-Client bietet ein Terminal innerhalb eines Fensters. Alles,
was man auf einem üblichen Terminal ausführen kann, ist auch innerhalb des `xterm`-Fensters möglich. Wenn man ein `xterm`-Fenster geöffnet
hat, kann man von dort aus auch weitere Clients aufrufen.

Um ein Terminalfenster zu öffnen, gibt man folgenden Befehl ein:

```
$ xinit
```

`xinit` erstellt ein `xterm`-Fenster, welches 80 Spalten und 24 Zeilen groß ist. Das Fenster wird als `xterm`-Konsole bezeichnet. Nun bewegt man die Maus. Der Zeiger auf dem Bildschirm folgt der Bewegung. Das `xterm`-Fenster ist vom Grundfenster umgeben. Man beachte, wie sich der Zeiger verändert, wenn er über die beiden verfügbaren Fenster bewegt wird. Wenn sich der Zeiger über dem Grundfenster befindet, sieht er wie ein "X" aus; wird er in das `xterm`-Fenster bewegt, sieht er wie ein "I" aus. Im `xterm`-Fenster kann keine Tastatureingabe erfolgen, solange der Zeiger nicht innerhalb des Fensters positioniert ist. Diese Eigenschaft wird Fokus genannt. Wenn ein Zeiger in einem Fenster steht, wird außerdem der Rahmen des entsprechenden Fensters heller.

Wenn man ein zweites `xterm` Fenster öffnen möchte, gibt man das folgende Kommando im ersten `xterm` Fenster ein:

```
$ xterm &
```

Durch das Zeichen `&` am Ende des Befehls wird der Prozeß im Hintergrund gestartet. Ein weiteres Fenster mit voreingestellter Größe und Farbe erscheint auf dem Bildschirm. Wenn das zweite Fenster über dem ersten erscheint, handelt es sich um einen ganz normalen Effekt. Nun benutzt man einfach das zweite Fenster, wenn irgendwelche Eingaben erfolgen sollen.

Wenn man ein `xterm`-Fenster schließen möchte, benutzt man das Kommando, mit dem man sich normalerweise vom System abmeldet. Das X-Window-System verläßt man durch Schließen des `xterm`-Grundfensters. Das Schließen des `xterm`-Grundfensters, des Konsolenfensters, bricht den X-Display-Server und alle mit ihm verbundenen Prozesse ab. Aus diesem Grund sollte man sichergehen, daß alle anderen `xterm`-Fenster geschlossen sind. Wenn man nicht darauf achtet, können beispielsweise Daten aus einem Editierprozeß mit `vi` verloren gehen.

3.1.3 Der `uwm`-Window-Manager

Der `uwm`-Window-Manager ist ein Client, der die Darstellung der Fenster auf dem Bildschirm steuert. Er erlaubt das Ändern von Fenstern auf dem Bildschirm. Mit ihm kann man die folgenden Verwaltungsfunktionen ausführen:

- Verschieben von Fenstern über den Bildschirm

- Ändern der Fenstergrößen

- Hervorheben von Fenstern

- Verlagern von Fenstern nach unten

- Verwandeln von Fenstern in Symbole und umgekehrt

- Neuausgabe des Bildschirms

- Anlegen weiterer **xterm**-Fenster

Das **uwm**-Window-Manager-Menü gibt Zugriff auf die am meisten verwendeten Funktionen. Wenn man den Mauszeiger auf das Hintergrundfenster bewegt und den linken Mausknopf drückt, erscheint das Window-Manager-Menü.

Die folgende Liste beschreibt die Optionen des **uwm**-Window-Manager-Menüs. Um eine Option anzuwählen, hält man den linken Mausknopf gedrückt und bewegt den Zeiger auf die gewünschte Option. Dann läßt man den Mausknopf los. Die Option wird ausgeführt.

- Verschieben

  Diese Option verschiebt ein Fenster oder ein Symbol an eine neue Position. Dabei geht man wie folgt vor:

  1. Man klickt in das Window-Manager-Menü.
  2. Man wählt die Option zum Verschieben von Fenstern. Der Mauszeiger verändert sich dabei in ein Kreissymbol.
  3. Man positioniert den Zeiger auf das gewünschte Fenster oder Symbol.
  4. Man hält den linken Mausknopf gedrückt. Der Zeiger verändert sich in ein Kreuz und ein Fensterrahmen erscheint. Dieser Rahmen folgt der Zeigerbewegung.
  5. Man positioniert den Zeiger an die gewünschte Stelle auf dem Bildschirm.

6. Man läßt den linken Mausknopf wieder los. Nun wird das Fenster an der neuen Position wiederhergestellt.

- Größe ändern

  Um die Größe eines Fensters zu ändern geht man wie folgt vor:

  1. Man klickt in das Window-Manager-Menü.
  2. Man wählt die entsprechende Option mit dem Zeiger aus. Der Zeiger ändert sich danach in ein Kreissymbol.
  3. Man positioniert den Zeiger auf das Fenster, welches geändert werden soll. Der Zeiger wird auf die Ecke plaziert, die verändert werden soll. Die gegenüberliegende Ecke bleibt unverändert an der aktuellen Position.
  4. Man hält den linken Mausknopf gedrückt. Der Zeiger verändert sich wiederum in ein Kreuz.
  5. Nun wird die Ecke des Fensters an die neue Position positioniert und der linke Mausknopf wieder losgelassen.

- Hervorheben von Fenstern

  Diese Aktion bringt ein Fenster ganz nach oben auf den Stapel übereinanderliegender und sich z.T. verdeckender Fenster. Folgende Schritte sind dazu notwendig:

  1. Man klickt in das Window-Manager-Menü.
  2. Man selektiert die gewünschte Option mit dem Zeiger. Der Zeiger ändert sich danach in ein Kreissymbol.
  3. Man positioniert den Zeiger nun auf das gewünschte Fenster und drückt den linken Mausknopf. Das Fenster wird nun vollständig sichtbar.

- Fenster verlagern

  Diese Option legt ein Fenster in die unterste Position im Fensterstapel. Dadurch kann das Fenster teilweise oder komplett unsichtbar werden. Der Aufruf geschieht wie folgt:

  1. Man klickt in das Window-Manager-Menü.
  2. Man wählt die passende Option mit dem Zeiger aus. Der Zeiger ändert sich danach in ein Kreissymbol.

3. Man positioniert den Zeiger auf das gewünschte Fenster und drückt den linken Mausknopf. Das entsprechende Fenster wird hinter alle anderen Fenster auf dem Bildschirm geschoben mit Ausnahme des Grundfensters.

- Fenster als Symbole darstellen

  Wenn man mehr Platz auf dem Bildschirm benötigt, können geöffnete Fenster auch in Symbole verwandelt werden. Ein Symbol ist ein kleiner Kasten, auch Ikone oder Icon genannt, der das Fenster symbolisiert. Das Symbol kann ebenso wieder in ein Fenster verwandelt werden. Diese Option wird wie folgt aufgerufen:

  1. Man klickt in das Window-Manager-Menü.

  2. Man wählt die Symbol-Option mit dem Zeiger aus. Danach verwandelt sich der Zeiger in ein Kreissymbol.

  3. Man positioniert den Zeiger auf das gewünschte Fenster oder Symbol und drückt den linken Mausknopf. Wenn man das Fenster oder Symbol auch verschieben will, hält man den linken Mausknopf gedrückt und positioniert den Zeiger an die gewünschte Stelle.

  4. Man läßt den Mausknopf wieder los. Das Fenster wird nun in ein Symbol umgewandelt oder umgekehrt. Solange der Zeiger sich im Symbol befindet, kann man den Namen des Sinnbilds durch Tastatureingaben beliebig ändern. Die Löschtaste kann zum Korrigieren verwendet werden.

- Bildschirm aktualisieren
  Diese Option gibt den Inhalt des Bildschirms von neuem aus. Dies geschieht durch die folgenden Befehle:

  1. Man ruft das Window-Manager-Menü auf.

  2. Man wählt die Aktualisierungsoption mit dem Zeiger aus. Der Bildschirminhalt wird nun erneut ausgegeben.

- Erzeugen von Terminalfenstern
  Man kann neue `xterm` Terminalfenster direkt aus dem Window-Manager-Menü heraus erzeugen:

  1. Man klickt in das Window-Manager-Menü.

2. Man wählt die Option "Fenster erzeugen" mit dem Zeiger aus und läßt den Mausknopf los. Innerhalb kurzer Zeit erscheint ein Symbol auf dem Bildschirm, welches die obere, linke Ecke des neuen Fensters darstellt. Diese Ecke kann nun frei über den Bildschirm bewegt werden. Nun kann man zwischen drei Optionen wählen:

   — Man kann ein Fenster mit vorgegebener Größe erzeugen. Dazu positioniert man einfach das Symbol dort auf dem Bildschirm, wo die linke obere Ecke des Fensters liegen soll, und drückt die linke Maustaste. Es erscheint ein Fenster mit vorgegebener Größe auf dem Bildschirm.

   — Wenn man die Größe des Fensters selber bestimmen möchte, positioniert man das Symbol an die Stelle, an der die linke obere Ecke des Fenster liegen soll. Dann drückt man die mittlere Maustaste und hält sie gedrückt. Die obere linke Ecke des neuen Fensters liegt nun fest; nun ist die untere, rechte Ecke frei beweglich. Während man die mittlere Maustaste gedrückt hält, kann man die untere rechte Ecke an die gewünschte Position bewegen. Die Fenstergröße wird dabei in der oberen, linken Ecke des Bildschirms ausgegeben. Wenn das Fenster die gewünschte Größe erreicht hat, wird der Mausknopf losgelassen. Das Fenster wird auf dem Bildschirm ausgegeben.

   — Man kann ein Fenster mit größtmöglicher Höhe anlegen. Dazu positioniert man auf die obere linke Ecke und drückt die rechte Maustaste. Es erscheint ein Fenster mit vorgegebener Breite und maximaler Höhe von der Zeigerposition bis zur letzten Bildschirmzeile.

3.1.4 X-Clients

Neben den beiden soeben vorgestellten X-Clients befinden sich im X-Windows-Paket eine Reihe weiterer Anwendungsprogramme, d.h. X-Clients. Nähere Informationen hierzu und zu anderen vertiefenden Themen von X-Windows finden sich z.B. in [Quercia, O'Reilly].

* `bitmap`
  erlaubt das Editieren von Bitmaps, das sind in einzelnen Punkten

beschriebene Bildmuster, die als Zeiger, Ikonen und Hintergrund-fenster verwendet werden können.

- `xclock`
  gibt die Zeit in digitaler oder analoger Form aus.

- `xfd`
  gibt die Zeichen eines bestimmten Zeichensatzes aus.

- `xlsfonts`
  gibt alle Zeichensätze aus, die auf dem X-Display-Server installiert sind.

- `xrefresh`
  gibt den Bildschirm komplett oder teilweise neu aus, wenn der Auf-bau durch Überlagerungen von Fenstern "zerklüftet" wurde.

- `xsetroot`
  erlaubt das Verändern des Grundfensters, des "root window".

3.2 Kommunikation mit anderen Benutzern

3.2.1 Interaktiver Dialog

An einem Multi-User-System arbeiten normalerweise mehrere Benutzer. UNIX bietet dabei die Möglichkeit, mit den anderen Benutzern über das System zu kommunizieren. Die Kommunikation ist nicht nur auf das jeweilige UNIX-System beschränkt. Mit entsprechenden Hilfsmitteln kann auch auf andere UNIX-Systeme zugegriffen werden, sofern diese mit dem lokalen System vernetzt sind. Bei einem Single-User-System wie DOS sind Überlegungen zu einer Kommunikation nicht sinnvoll. Wenn ein DOS-Benutzer dennoch über ein Netzwerk hinweg mit anderen Benutzern kommunizieren möchte, so wird dazu eigene Software eingesetzt, die nicht Bestandteil von DOS ist.

Der interaktive Dialog mit anderen Benutzern kann über das Kommando `write` geführt werden.

```
write <Benutzername> [<Terminalkennung>]
```

Ist der adressierte Benutzer nicht angemeldet, so erscheint eine Meldung, daß der entsprechende Benutzer nicht am System angemeldet ist, und `write` wird abgebrochen. Um dies zu vermeiden, sollte man daher vorher mit dem Kommando `who` überprüfen, ob der gewünschte Partner aktuell angemeldet ist. Ist dies der Fall, so wird dies nach Absetzen des `write`-Kommandos durch ein akustisches Signal auf dem Terminal des Absenders angezeigt. Auf dem Bildschirm des adressierten Benutzers erscheint die folgende Nachricht:

```
Meldung von <Benutzername> <Terminalkennung> <Uhrzeit>
<...Text...>
```

Er kann nun seinerseits die Verbindung mit dem Absender herstellen, indem er wiederum `write` mit dem Namen des Absenders als Argument aufruft. Jetzt kann ein Dialog zwischen beiden Benutzern erfolgen. Die Übertragung der Dialoge erfolgt zeilenweise. Tippfehler können nur in der aktuellen Zeile noch korrigiert werden. Problematisch dabei ist jedoch, daß beide Benutzer gleichzeitig Nachrichten schreiben können. Wenn keine sinnvollen Verhaltensweisen berücksichtigt werden, kann dies dazu führen, daß die Nachrichten durcheinander geraten. Aus diesem Grund empfiehlt es sich, daß ein Benutzer seine Nachrichten mit -o für "over" abschließt. Die Beendigung der Kommunikation sollte mit -oo für "over and out" angezeigt werden. Einige Systeme haben diesen Mangel beseitigt, indem sie zusätzlich ein Programm `talk` anbieten, das den Bildschirm in zwei Hälften für die beiden Dialogpartner aufteilt.

Soll die Kommunikation beendet werden, kann `write` durch die Eingabe von CONTROL d verlassen werden. Auf dem Bildschirm des anderen Benutzers erscheint dann die Kennung `EOT` für End of Transmission, welche den Abbruch der Kommunikation anzeigt. Dies muß der andere Benutzer mit RETURN quittieren.

Wenn ein Benutzer adressiert wird, der an mehreren Terminals angemeldet ist, so kann angegeben werden, mit welchem Terminal die Verbindung aufgebaut werden soll. Andernfalls erfolgt der Verbindungsaufbau mit dem ersten Terminal, das in der Datei `/var/adm/utmp` gefunden wird. Terminalnamen werden in UNIX als Gerätedateinamen im Verzeichnis `/dev` verwaltet. Gängige Terminalnamen setzen sich aus der Kennung `tty` und einer Zahl zusammen. Die Kennung `vt` kennzeichnet virtuelle Terminals, die meist auf der Systemkonsole verfügbar sind.

Möchte ein Benutzer keine Nachrichten über **write** empfangen, so kann er dies über das Kommando **mesg** einstellen. Durch die Eingabe von

    $ *mesg n*

werden Nachrichten von **write** ignoriert. Durch Eingabe von

    $ *mesg y*

werden Nachrichten von **write** wieder zugelassen. Der Aufruf von **mesg** ohne Argumente gibt den aktuellen Status als **y** oder **n** aus.

Der Benutzer **frank** möchte z.B. mit einem Benutzer, der sich mit dem Benutzernamen **gast** angemeldet hat, einen Dialog führen. Eventuell können mehrere Benutzer unter dem Namen **gast** angemeldet sein. Daher sollte zuerst festgestellt werden, welche Terminals zur Zeit belegt sind. Dies geschieht mit dem Programm **who**:

    $ *who*

```
root       console      Mar 4  8:31
frank      tty01        Mar 4  9:40
gast       tty04        Mar 4 10:51
gast       tty08        Mar 4 10:07
gast       tty0A        Mar 4  8:12
gast       tty10        Mar 4 13:01
gast       tty12        Mar 4 14:46
```

Nun kann der Verbindungsaufbau mit dem folgenden Befehl erfolgen:

    $ *write gast tty08*

Auf dem Terminal **tty08** des entsprechenden Benutzers **gast** erscheint ein entsprechender Hinweis. Der Benutzer **gast** gibt jetzt ein:

    $ *write frank*

Danach kann der Dialog der beiden Benutzer erfolgen. Zur Beendigung der Kommunikation muß bei einem Dialogpartner CONTROL d eingegeben werden; der andere muß dies mit RETURN quittieren.

Soll lediglich eine Nachricht an einen Benutzer gesendet werden und ist ein Dialog nicht erwünscht, so kann dies elegant unter Verwendung der Eingabeumleitung geschehen:

```
$ write gast tty08 < nachricht.txt
```

Dabei wird angenommen, daß die Datei `nachricht.txt` existiert und die entsprechende Nachricht enthält. Auf dem Terminal von **gast** erscheint die Nachricht aus der angegebenen Textdatei. Die Beendigung der Verbindung mit CONTROL d ist in diesem Fall nicht notwendig.

3.2.2 Elektronische Post

Während Kommunikation mit **write** nur möglich ist, wenn beide Partner aktuell am System angemeldet sind, erlaubt elektronische Post asynchrone Kommunikation. Die Arbeit mit der elektronischen Post ist gekennzeichnet durch das Versenden von Post an andere Benutzer und das Verwalten der Post, die man selber erhalten hat. Die Arbeit mit der Post erledigt das Kommando **mail**. Mit

```
mail [<Optionen>] <Benutzername> ...
```

können Nachrichten an einen oder mehrere durch **Benutzernamen** identifizierte Benutzer versandt werden. Wird **mail** ohne Argument aufgerufen, so kann empfangene Post bearbeitet werden.

Der Sendevorgang läuft wie folgt ab:

1. **mail** wird mit Benutzernamen aufgerufen. Diese bezeichneten Benutzer brauchen momentan nicht am System angemeldet zu sein. Die gültigen Anmeldenamen des lokalen Systems, das ist das System, an dem der Benutzer aktuell angemeldet ist, stehen in der Datei `/etc/passwd`. Sollte der Anmeldename eines Benutzers nicht bekannt sein, so sollte dieser durch Ausgabe dieser Datei, z.B. mittels **more** `/etc/passwd`, zu ermitteln sein.

2. Danach wird die Standardeingabe gelesen, bis CONTROL d betätigt wird oder aber eine Zeile eingegeben wird, die nur aus einem Punkt "." besteht. Die Nachricht wird jetzt zusammen mit einer Kopfzeile, die den Namen des Absenders und den Zeitpunkt des Absendens enthält, in die Postdatei des Adressaten geschrieben, die i.d.R. im Verzeichnis `/var/mail/` unter dessen Benutzernamen zu finden ist. Mit der Umgebungsvariablen `MAIL` kann man bei Bedarf die Datei bestimmen, in der die eintreffenden Nachrichten abgelegt werden sollen. Ist eine Nachricht nicht zustellbar, so wird sie von `mail` wieder zurück an den Absender geschickt und im lokalen Verzeichnis unter dem Namen `dead.letter` abgelegt.

Zum Lesen von Post wird `mail` ohne Argument aufgerufen. Wenn Post für den Benutzer vorhanden ist, wird die jüngste Nachricht angezeigt. Jede Nachricht ist mit einer Nummer versehen, über die sie angesprochen werden kann. Am Prompt des Mailsystems, i.d.R. das Fragezeichen "?", können die Kommandos zum Verwalten der Post eingegeben werden. Die wichtigsten dieser Kommandos sind:

- RETURN oder +
  listet die nächste Nachricht auf

- -
  listet die vorige Nachricht auf

- `<n>`
  listet die Nachricht mit der Nummer n auf

- `d` oder `dp` ("delete")
  löscht die aktuelle Nachricht und springt zur nächsten

- `d <n>`
  löscht die Nachricht mit der Nummer n, springt aber nicht zur nächsten Nachricht

- `dq` ("delete & quit")
  löscht die aktuelle Nachricht und beendet `mail`

- `h` ("header")
  zeigt die Kopfzeilen der Nachrichten in einem Bereich vor und hinter der aktuellen Nachricht an

- `h <n>`
  zeigt die Kopfzeile der Nachricht mit der Nummer n an

- `h a`
  zeigt alle Kopfzeilen an

- `h d`
  zeigt die Kopfzeilen der Nachrichten an, die gelöscht werden sollen

- `p` ("print")
  gibt die aktuelle Nachricht nochmals aus

- `r <Benutzername>` ("reply")
  ermöglicht die Antwort auf eine Nachricht und löscht diese anschließend

- `s <Dateiname>` ("save")
  schreibt die aktuelle Nachricht in die angegebene Datei. Wenn keine Datei angegeben wird, so ist die Voreinstellung `mbox`.

- `u <n>` ("undo")
  macht das Löschen der Nachricht mit der Nummer n rückgängig.

- `m <Benutzername>` ("mail")
  startet das Senden einer Nachricht an die angegebenen Benutzer. Wird kein Benutzername angegeben, so wird eine Nachricht an den Absender der aktuellen Nachricht gesendet.

- `q` oder `CONTROL` `d` ("quit")
  beendet `mail`.

- `x` ("eXit")
  schreibt Nachrichten unverändert in die Postdatei und beendet `mail`.

- `!<Kommando>`
  ruft die Shell auf und führt das angegebene Kommando aus

- `?`
  gibt eine Hilfe zu diesen Kommandos

Die Arbeit mit elektronischer Post soll an einigen Beispielen dargestellt werden. Auch das Versenden von Post an sich selbst ist möglich.

Sie kommt kurze Zeit nach dem Absenden an. Als Benutzername des Adressaten wird daher in den folgenden Beispielen stets `frank` verwendet, der wie bekannt durch den eigenen Namen ersetzt werden sollte.

Post soll interaktiv eingegeben und verschickt werden:

$ mail frank

Viele Gruesse

Hallo, lieber Frank

ich gruesse mich

Eine vorhandene Textdatei soll als Post verschickt werden:

$ mail frank < winter.gedicht

Eine "Glückwunsch-Tapete" soll verschickt werden. Das banner-Kommando schreibt den als Argument übergebenen Text in großen Lettern auf die Standardausgabe.

$ banner "Alles" "Gute" | mail frank

Die empfangene Post soll kontrolliert werden:

$ mail

```
Von   frank Sun Feb 21 14:52 MEZ 1993
      #
   #  #     #         #          #####   ####
   #  #     #         #          #       #
  #      #  #         #          #####   ####
 #######  #           #          #               #
 #      #  #          #          #          #    #
 #      #  #####   #####   ######  ####


   #####
  #       #  #      #    #####   ######
  #          #      #    #       #
  #  ####    #      #    #       #####
  #      #  #   #    #    #       #
  #      #  #   #    #    #       #
   #####     ####        #       ######
```

? *h* RETURN

    3 Nachrichten in /var/mail/frank gefunden,
    0 Nachrichten sind zum Loeschen bestimmt,
    0 Nachrichen sind neu eingetroffen
>   3   459   frank   Sun Feb 21 14:52 MEZ 1993
    2   131   frank   Sun Feb 21 14:51 MEZ 1993
    1   90   frank   Sun Feb 21 14:50 MEZ 1993

Die Nachrichten sollen der Reihe nach gelesen werden:

? RETURN

Von   frank Sun Feb 21 14:51 MEZ 1993
Es ist Winter.
Alle haben Ferien.
Draussen ist es kalt.
Alle warten auf den Sommer.
Es ist Winter.

? RETURN

```
Von   frank Sun Feb 21 14:50 MEZ 1993
Viele Gruesse
Hallo, lieber Frank
ich gruesse mich.
```

Die Nachricht mit der Nummer 1 soll einzeln gelesen werden:

& 1

```
Von   frank Sun Feb 21 14:50 MEZ 1993
Viele Gruesse
Hallo, lieber Frank
ich gruesse mich.
```

Auf die Nachricht mit der Nummer 3 soll geantwortet werden. Die Antwort wird automatisch an den Absender verschickt.

? 3

? r

```
mail frank
```

Vielen Dank für die Glückwünsche. Frank

```
Neue Post wurde in Nachrichten abgelegt.
?
```

Die Nachricht mit der Nummer 3 soll in eine Datei mit dem Namen glueckwunsch ausgegeben werden, die dann ausgedruckt werden soll:

? 3

? s glueckwunsch

? !lp glueckwunsch

Die Nachricht mit der Nummer 3 soll entfernt werden:

& d 3

Die Kopfzeilen der verbleibenden Nachrichten sollen angezeigt werden:

```
& h


4 Nachrichten in /var/mail/frank gefunden,
1 Nachrichten sind zum Loeschen bestimmt,
0 Nachrichen sind neu eingetroffen
>    4      78      frank        Sun Feb 21 14:53 MEZ 1993
     3   d  459     frank        Sun Feb 21 14:52 MEZ 1993
     2      131     frank        Sun Feb 21 14:51 MEZ 1993
     1      90      frank        Sun Feb 21 14:50 MEZ 1993
```

Das Attribut **d** bei Nachricht 3 zeigt an, daß diese Nachricht zum Löschen markiert ist.

Die Verwaltung der Post soll verlassen werden:

```
& q
$
```

Wie mit Benutzern anderer Systeme zu kommunizieren ist, wird in den folgenden Abschnitten geschildert.

3.3   Arbeiten im Netzwerk

3.3.1   Grundlegendes über Netze

In einem Netzwerk sind mehrere Rechner über Datenleitungen miteinander verbunden. Die Rechner können unterschiedliche Hardware und verschiedene Betriebssysteme besitzen; Datenleitungen können auf dem Telefonnetz basieren, hochwertige Koaxialkabel sein oder sich der Glasfasertechnik bedienen. Auf einem dieser Rechner, dem *lokalen System*, ist der Benutzer angemeldet. Als *Fernsysteme* sollen im folgenden nur Rechner betrachtet werden, auf denen ebenfalls das UNIX-Betriebssystem läuft und die mit dem lokalen System vernetzt sind.

Bestandteil heutiger UNIX-Systeme ist die Netzwerksoftware der TCP/ IP-Kommunikations-Protokoll-Familie (Transmission Control Protocol

/ Internet Protocol). Durch die Programme der TCP/IP-Familie wird der Benutzer von der Notwendigkeit entbunden, sich um die Rechnerverbindung und die zugehörigen Datenleitungen kümmern zu müssen. Er merkt nichts von den verschiedenen technischen Realisierungen der Datenleitungen außer eventuellen Geschwindigkeitsunterschieden; sie sind für ihn *transparent*. Er muß sich lediglich mit der Art und Weise vertraut machen, wie ihm der Zugriff auf andere Rechner und die Kommunikation mit deren Benutzern ermöglicht werden.

3.3.2   Netzwerkinformationen in UNIX

Jedem Rechner wird unter dem Betriebssystem UNIX ein bestimmter *Rechnername* zugewiesen, der bei der Installation des Betriebssystems vergeben wird. Dieser Name wird verwendet, um das lokale System zu kennzeichnen. Alle Fernsysteme, zu denen das lokale System einen Zugang über TCP/IP hat, sind durch eine vierteilige Nummer, die *Internet-Adresse*, weltweit eindeutig gekennzeichnet. Um nicht mit diesen Nummern arbeiten zu müssen, vergibt man den fremden Systemen Namen, deren Zuordnung zu den Internet-Adressen in der Datei `/etc/hosts` niedergelegt ist. Durch das Kommando

     $ *more /etc/hosts*

läßt sich schnell feststellen, zu welchen anderen Rechnern Verbindungen hergestellt werden können. Neuere Systeme greifen zur Namensverwaltung auf Dienste eines zentral vorgehaltenen *Name-Servers* zurück. In diesem Fall müssen die Namen der Rechner anders ermittelt werden.

Informationen darüber, ob die Verbindungen zu anderen Systemen momentan auch tatsächlich funktionieren, sind jedoch nicht ohne weiteres zu erhalten. Die Benutzernamen von Benutzern anderer Rechner im Netzwerk lassen sich auch nur indirekt ermitteln. Daher muß man sich die Benutzerkennungen von Benutzern anderer Systeme, mit denen man kommunizieren möchte, auf andere Weise beschaffen.

3.3.3   NFS - das Network File System

Wenn das Dateisystem eines Fremdsystems genutzt werden soll, kann dies interaktiv über das File-Transfer-Programm, das im folgenden Abschnitt beschrieben wird, oder "automatisch" über NFS geschehen. Das Network-File-System, das natürlich auf allen beteiligten Rechnern installiert sein muß, bietet die Möglichkeit, Teile des Dateisystems eines anbietenden Rechners, des Servers, für die Nutzung durch andere Systeme, die Clients, über das Netzwerk zur Verfügung zu stellen. Diese Dateisystemteile können dann im lokalen System durch das Kommando mount in das lokale Dateisystem eingehängt werden. Der Benutzer kann mit den Dateien des entfernten Systems so arbeiten, als seien sie lokal auf seiner Magnetplatte vorhanden. Auf diese Weise sind sogar plattenlose UNIX-Rechner (diskless workstations) möglich.

Die Abbildung 3.1 stellt ein System dar, auf dem die Benutzer frank und jan über das Verzeichnis fremd auf einen virtuellen, transparenten Dateiraum zugreifen können. Dieser Dateiraum besteht aus dem Verbund von Verzeichnissen aus Fernsystemen, die unter den Namen system1 und system2 im lokalen System eingehängt werden.

Eine Übersicht über die eingehängten Dateisysteme fremder Rechner bietet das mount-Kommando ohne Argument.

```
$ mount

/           auf /dev/root lesen/schreiben/setuid
            Sa Feb 20 11:37:34 1993
/proc       auf /proc lesen/schreiben
            Sa Feb 20 11:37:36 1993
/dev/fd     auf /dev/fd lesen/schreiben
            Sa Feb 20 11:37:36 1993
/stand      auf /dev/dsk/0s10 lesen/schreiben
            Sa Feb 20 11:37:39 1993
system1:/usr/daten auf /home/fremd/system1 lesen/schreiben
            Sa Feb 20 16:58:41 1993
system2:/usr/bin/X11 auf /home/fremd/system2 lesen/schreiben
            Sa Feb 20 16:59:07 1993
```

Im Normalfall werden die Dateisysteme anderer Rechner bereits beim Start des lokalen Systems angehängt. Der Benutzer kann in diesem Fall ohne eigenes Zutun mit den Ressourcen anderer Systeme arbeiten. Ein Rechner kann gleichzeitig Server und Client sein, d.h. auch ein Teil des lokalen Dateisystems wird i.d.R. beim Systemstart für andere mit NFS ausgestattete Systeme zugänglich gemacht.

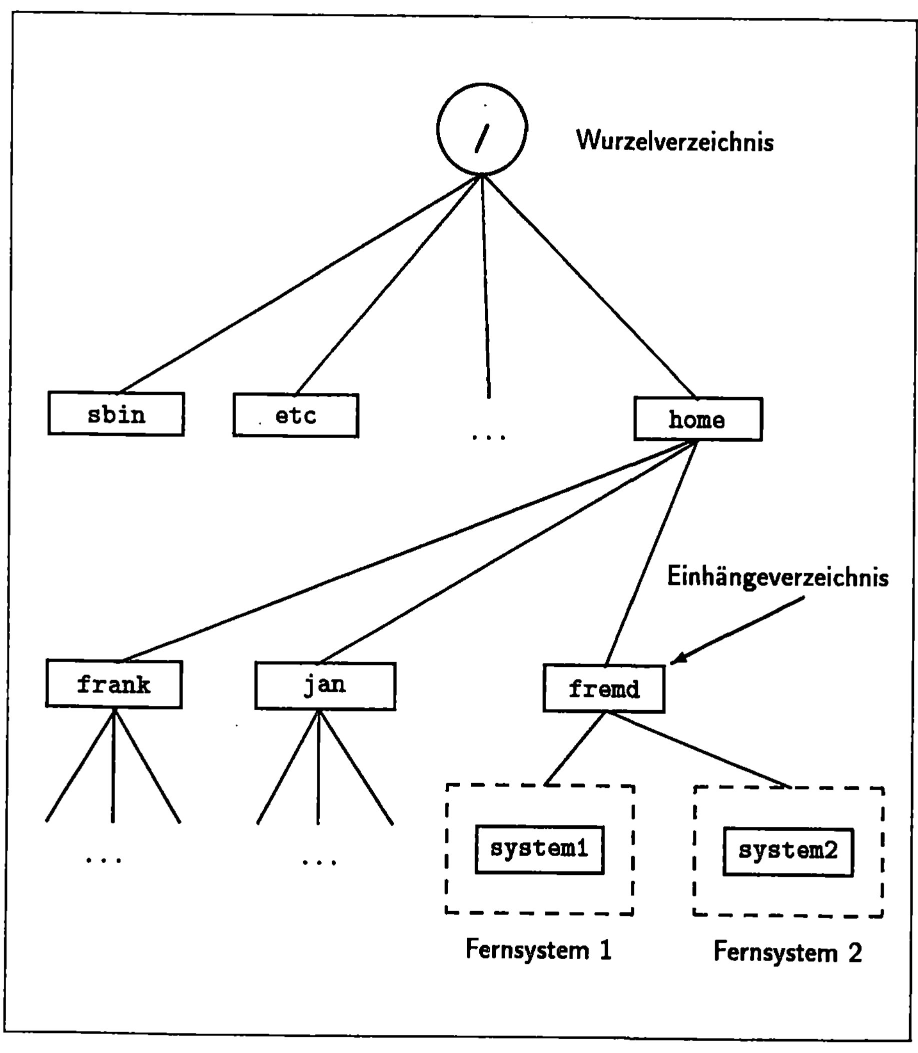

Abbildung 3.1: NFS Dateisystemverbund

Wenn man eigene Dateien für andere Benutzer im Netz zur Verfügung
stellen möchte, so muß man sie lediglich in einen Teil des Dateisystems
kopieren, auf das von anderen Systemen aus zugegriffen werden kann.

Eine Möglichkeit des Dateitransfers ohne NFS bietet das im folgenden
beschriebene Programm ftp.

3.3.4 Dateitransfer mit ftp

Das Programm ftp (File Transfer Protocol) basiert auf dem Kommunikationsprotokoll TCP/IP und dient zum Dateitransfer zwischen Rechnersystemen. Durch dieses Programm werden Dateien aus einem Fremdsystem in das lokale System kopiert oder umgekehrt. Damit ftp zwischen dem lokalen System und dem Fernsystem Dateien übertragen kann, muß auf dem Fernsystem ein spezielles ftp-Dienstprogramm, der ftp-Server, ablaufen. Wenn der Aufruf von ftp in einem Netzwerk vorgesehen ist, so kann man davon ausgehen, daß dieser ftp-Server auf dem Fernsystem bereits abläuft.

Zu Beginn einer ftp-Sitzung wird auf dem lokalen System das Kommando ftp aufgerufen:

```
$ ftp

ftp>
```

Die Eingabeaufforderung ftp> zeigt dabei an, daß ftp auf die Benutzereingabe wartet.

Zunächst muß man den Namen des Fernsystems angeben, mit dem die Dateiübertragung stattfinden soll. Dies geschieht mit dem ftp-Kommando open, wobei der Name des Fernsystems als Argument anzugeben ist.

```
ftp> open abt47
```

Mit diesem Kommando wird das Fernsystem abt47 zur Übertragung geöffnet. Von ftp erscheint dann eine Meldung:

```
Connected to abt47
FTP server ready
Name:
```

An dieser Stelle erwartet ftp die Eingabe des Anmeldenamens auf dem Fernsystem und danach die Eingabe des Paßworts:

```
Name: frank

Password:
```

Ist die Eingabe des Anmeldenamens und des Paßworts korrekt vollzogen worden, erscheint eine kurze Meldung und die Eingabeaufforderung des `ftp`-Kommandos. Die Benutzung der Kommunikation unter `ftp` greift also auf das Dateisystem des Fremdsystems zu. Man braucht daher auf diesem Fremdsystem eine eigene Benutzerkennung mit den entsprechenden Rechten für die Arbeiten an Dateien und Verzeichnissen des Fremdsystems. Dazu muß man sich mit dem Systemverwalter des Fremdsystems in Verbindung setzen.

Für die Steuerung und Kontrolle des Dateitransfers gibt es eine Reihe von Kommandos, die an dieser Stelle, dem Prompt des `ftp`-Systems, eingegeben werden können:

Kommando	Bedeutung
`binary`	Binären Übertragungsmodus einschalten (z. B. zur Übertragung von ausführbarem Code)
`cd`	Verzeichnis auf dem Fernsystem wechseln
`del`	Datei auf dem Fernsystem löschen
`dir`	Verzeichnisinhalt des Fernsystems ausgeben
`lcd`	Verzeichnis auf dem lokalen System wechseln
`get`	eine Datei vom Fernsystem holen
`put`	eine Datei an das Fernsystem senden
`pwd`	aktuelles Verzeichnis des Fernsystems ausgeben
`quit`	ftp-Sitzung beenden
`!<Kommando>`	Kommando unter der Shell aufrufen

Diese Kommandos sollen beispielhaft erprobt werden. Dazu muß man zunächst wie oben beschrieben die Verbindung zum Fernsystem herstellen und sich dort anmelden. Zunächst soll der Inhalt des aktuellen Verzeichnisses auf dem Fernsystem ausgegeben werden.

```
ftp> dir

Gesamt 2
-rw-rw-rw-   2 alfred   other    19764 Feb 20  1993 ftpdok.txt
-rw-rw-rw-   2 alfred   other    19764 Feb 20  1993 ftptext.txt
```

Je nach Einstellung und `ftp`-Version erscheinen noch weitere Hinweise
über interne `ftp`-Vorgänge. Sofern keine Warnungen oder Fehler ausgegeben werden, können diese ignoriert werden.

Der Inhalt des lokalen aktuellen Verzeichnisses soll ausgegeben werden.
Dazu wird eine Shell gestartet.

```
ftp> !ls -l


Gesamt 103
-rw-r--r--  1 frank   other     605 Feb 20 15:07 autos.uebung
-rw-r--r--  1 frank   other      94 Feb 20 12:42 erste.uebung
...
```

Das aktuelle Verzeichnis des Fernsystems soll umgestellt werden.

```
ftp> cd ..


250 Kommando erfolgreich


ftp> dir


Gesamt 165
-rw-rw-rw-  1 alfred  other      97 Jun 12 12:33 herbst.gedicht
...
```

Die Datei `herbst.gedicht` soll auf das lokale System übernommen werden.

```
ftp> get herbst.gedicht


226 Transfer vollstaendig
lokal: herbst.gedicht  remote: herbst.gedicht
97 Bytes in 1 Sekunde empfangen
```

Die Datei `winter.gedicht` soll auf das Fernsystem übertragen werden.

```
ftp> put winter.gedicht
```

```
226 Transfer vollstaendig
lokal: winter.gedicht  remote: winter.gedicht
97 Bytes in 1 Sekunde gesendet
```

Auf dem Fernsystem soll die Datei wieder gelöscht werden.

ftp> *del winter.gedicht*

```
250 Kommando erfolgreich
```

Die **ftp**-Sitzung soll beendet werden.

ftp> *quit*

```
221 Auf Wiedersehen
$
```

3.3.5 Weitere Programme zur Arbeit im Netzwerk

Die meisten Kommandos, die bisher nur lokal bekannte Dienste auf das Netzwerk ausdehnen, entstehen aus den ursprünglichen Kommandos durch Voransetzen des Buchstaben **r** als Kennung für "remote".

Das Kommando **rwho** gibt Auskunft darüber, welche Benutzer im Netz momentan an welchem Rechner angemeldet sind.

$ *rwho*

```
root          center:console   feb 20 12:01
frank         center:tty01     feb 20 12:20
gast          abt47:tty07      feb 20 13:22
gast          abt48:tty02      feb 20 14:34
```

Dabei bezeichnet die Angabe vor dem Doppelpunkt, z.B. **center**, den Namen des UNIX-Systems, auf dem der Benutzer angemeldet ist.

Das Programm **rlogin** erlaubt das Anmelden des Benutzers auf dem angegebenen Fernsystem.

```
rlogin [<Optionen>] [<Fernsystemname>]
```

Wenn der Name des Fernsystems nicht angegeben wird, wird er unmittelbar danach erfragt. Zunächst wird angenommen, daß man sich auf dem Fernsystem unter dem gleichen Namen wie auf dem lokalen System anmelden möchte, und nur das Paßwort wird erfragt. Gibt man jetzt ein leeres Paßwort ein, wird nach Benutzername und Paßwort gefragt, so daß man sich auch unter einem anderen Namen anmelden kann. Auf dem Fernrechner wird eine Shell gestartet, und man kann auf dem Fernsystem in der gewohnten Weise arbeiten. Nach Beendigung der Shell auf dem Fernsystem befindet man sich automatisch wieder in der Shell des lokalen Rechners. Analog zu `rlogin` läßt sich das Kommando `telnet` verwenden, das aber die automatische Übername des Benutzernamens nicht praktiziert, sondern stets nach Benutzernamen und Paßwort fragt.

Mit dem Kommando `rsh` führt man Kommandos auf Fernsystemen aus, ohne sich dort explizit anzumelden. Dabei werden beim Aufruf von `rsh` der Name des Fernsystems und die gewünschten Kommandos in der Form

```
rsh <Fernsystemname> [<Optionen>] <Kommando> ...
```

eingegeben.

> `$ rsh abt47 who`

Dieses Beispiel führt auf dem Fernsystem `abt47` das Kommando `who` aus. Die Ausgaben des Kommandos `who` erscheinen dabei auf dem lokalen Rechner. Wegen der Kontrolle der Zugriffsrechte ist der Einsatz von Kommandos auf dem Fernsystem ohne ausdrückliche Anmeldung natürlich eingeschränkt.

Das `rsh`-Kommando kann auch mit Prozessen des lokalen Systems gekoppelt werden, beispielsweise über den Pipe-Mechanismus:

> `$ rsh abt47 cat /usr/alfred/ftpdok.txt | lp`

Dieses Kommando gibt auf dem Rechner `abt47` die Datei `ftpdoc.txt` aus und leitet diese Ausgabe auf das lokale Kommando `lp` um. `lp` druckt dann die entsprechenden Daten auf dem Standarddrucker des lokalen Systems aus. Weitere Informationen zur Kommunikation in UNIX finden sich z.B. in [Anderson et. al.] oder [Santifaller].

3.4 Shell-Programmierung

3.4.1 Abarbeiten von Shell-Skripten

Neben der interaktiven Bearbeitung von einzelnen Kommandos ist es auch möglich, sogenannte *Shell-Skripte* zu entwickeln. Die Shell-Skripte sind das Äquivalent zu den im DOS eingesetzten Batch-Dateien. Wie diese enthalten sie Shell-Kommandos, die mit *Kontrollstrukturen*, die der Programmiersprache C sehr ähneln, kombiniert werden können. Da hier nur ein erster Überblick geliefert werden soll, werden in diesem Abschnitt nur die Eigenschaften der Standard-Shell beschrieben. Die C-Shell soll hier außer Acht gelassen werden.

Ein einfaches Shell-Skript mit dem Namen `shellprog1` kann z.B. wie folgt aussehen:

```
who am i

pwd
```

Wenn man die Datei mit dem Namen `shellprog1` mit `vi` oder einem anderen Editor erzeugt hat, kann man sie durch die folgende Kommandozeile ausführen:

```
$ sh shellprog1


frank     tty01        Apr 30  9:40
/usr/frank
```

Durch die Eingabe von `sh` wird die Standard-Shell aufgerufen; das übergebene Argument `shellprog1` wird von der Shell automatisch als Dateiname für ein Shell-Skript interpretiert. Die Shell liest die Datei `shellprog1` und führt alle dort enthaltenen Befehle nacheinander aus. In DOS haben Batch-Dateien die Erweiterung `.BAT` und können ohne weiteren Befehl durch Angabe ihres Namens ausgeführt werden.

Eine andere Methode, ein Shell-Skript auszuführen, besteht darin, die entsprechende Datei mit Rechten zur Ausführung auszustatten. Dies geschieht mit dem bereits bekannten Befehl `chmod`:

```
$ chmod u+x shellprog1
$ ls -l shellprog1


-rwx-r--r--    frank    other      38 Feb 20  9:40  shellprog1
```

Wenn der Suchpfad PATH für auszuführende Programme auch das aktuelle Verzeichnis enthält, dann kann das Skript danach durch die Eingabe von

```
$ shellprog1
```

gestartet werden. Den Suchpfad für auszuführende Programme kontrolliert man durch

```
$ echo $PATH
```

Wenn das Verzeichnis "." nicht im Suchpfad enthalten ist, kann es durch folgende Befehlsfolge angefügt werden:

```
$ PATH=$PATH:.
$ export PATH
```

Wenn man selber Shell-Skripte erzeugt, so sollte man darauf achten, daß keine Namen gewählt werden, die unter Umstände andere UNIX-Kommandos verdecken. Wenn beispielsweise ein Skript unter dem Namen ls erzeugt wird, kann es sein, daß man keine Inhaltsverzeichnisse mehr ausgeben kann.

3.4.2 Shell-Skripte mit Argumenten

An Skripte können wie in DOS Argumente übergeben werden. Diese werden wie bei anderen Kommandos in der Kommandozeile angegeben. Innerhalb eines Shell-Skripts sind die Argumente durchnumeriert und werden mit einem \$-Zeichen, gefolgt von der laufenden Nummer, kenntlich gemacht: \$1 \$2 ... usw. Das erste Argument hat dabei die Nummer 1; das Argument mit der Nummer 0 ist das Kommando selbst als Zeichenkette. Diese Regelung entspricht der in DOS mit dem Unterschied, daß dort die Argumente an dem %-Zeichen zu erkennen sind.

Um die ersten drei Argumente einfach anzuzeigen, kann man im folgenden Skript das Kommando echo verwenden:

```
echo 1. Parameter = $1
echo 2. Parameter = $2
echo 3. Parameter = $3
```

Wenn man dieses Skript mit einem Editor als Datei mit dem Namen `shellprog2` erfaßt hat, kann man es durch den Aufruf des sh-Kommandos unter seinem Namen `shellprog2` starten.

```
$ sh shellprog2 Hallo lieber Frank
1. Parameter = Hallo
2. Parameter = lieber
3. Parameter = Frank
```

Für eine praktische Anwendung kann ein Skript `glueckwunsch` erzeugt werden.

```
banner  "Alles" "Gute"  |  mail  $1
```

Wird beim Aufruf des Kommandos `glueckwunsch` als Argument der Name eines Benutzers angegeben, wird eine Glückwunschnachricht in vergrößerten Buchstaben an den angegebenen Benutzer gesendet.

```
$ sh glueckwunsch alfred
```

Wenn man ein Shell-Skript häufiger verwenden möchte, sollte man ihm die Ausführungsrechte erteilen.

```
$ chmod u+x glueckwunsch
```

```
$ glueckwunsch alfred
```

3.4.3 Formatierung der Ausgabe

Um das Aussehen einer Ausgabe mit dem Kommando echo bzw. mit dem im Abschnitt 3.6 beschriebenen awk-Befehl printf zu steuern, gibt es Formatierungsangaben, die sich an die in der Programmiersprache C verwendeten Konstrukte anlehnen.[1] Darunter fällt die Kontrolle des Zeilenvorschubs sowie die Aufbereitung von Zahlen und Zeichen. Zur Steuerung der Aufbereitung müssen Formatierungsangaben in Hochkommata eingeschlossen in die Ausgabe integriert werden. Nach der Ausgabe führt das echo-Kommando automatisch einen Zeilenvorschub (siehe \n) durch.

Die wichtigsten Formatierungskonventionen sind:

- Zeilenvorschub
  Durch \n wird ein Zeilenvorschub ("Newline") ausgelöst, so daß das Folgende auf einer neuen Zeile gedruckt wird.

- Zeilenvorschub unterdrücken
  Durch \c wird der automatische Zeilenvorschub von echo unterdrückt.

- Tabulator
  Durch \t wird ein Tabulatorstop weiter gesprungen. Die Einstellung der Tabulatorstops hängt von dem jeweils verwendeten Terminal ab. Gängige Einstellungen sind 4 bzw. 8 Zeichen pro Tabulatorstop.[2]

- Wagenrücklauf
  Durch \r wird ein Wagenrücklauf ("Carriage Return") durchgeführt. Dadurch wird die Schreibmarke in der aktuellen Zeile auf die 1. Spalte zurückpositioniert.

- Seitenvorschub
  Das Zeichen \f führt bei Ausgabe einen Seitenvorschub ("Form Feed") durch und löscht damit den Bildschirm.

- Rückschritt
  Die Schreibmarke kann durch Ausgabe des Zeichens \b um eine Stelle nach links positioniert werden ("Backspace").

---

[1] Vgl. dazu auch [Kernighan, Ritchie], S.147 ff.

[2] Näheres zur Tabulator-Einstellung findet sich in den Handbuchseiten zum Kommando tabs(1).

- Gegenschrägstrich
  Durch \\ wird ein Gegenschrägstrich ausgegeben.

- Aufbereitung von Zahlen und Zeichenketten
  Die frei formatierbare Ausgabe von Variablen wird zwar vom echo-Kommando nicht unterstützt, doch soll die entsprechende Konvention an dieser Stelle bereits vorgestellt werden, da sie eng mit den oben angeführten Steuerzeichen verbunden ist.

Die Aufbereitung geschieht nach folgender Notation:

```
%[Ausrichtung][Breite][.Dezimalstellen]Typ
```

Die Angaben haben dabei folgende Bedeutung:

Feld	Wert	Bedeutung
Ausrichtung	keiner	rechtsbündig
	-	linksbündig
	+	Zahlen mit pos. Vorzeichen
Breite	Zahl	Ausgabe auf die angegebene Breite auffüllen
Dezimalstellen	.Zahl	Anzahl der Nachkommastellen
Typ	c	Zeichen
	d	Ganze Zahl
	e	Gleitkommazahl, wiss. Notation
	f	Gleitkommazahl
	g	Gleitkommazahl, Kurzdarstellung
	o	Oktalzahl
	s	Zeichenfolge
	u	Vorzeichenlose Zahl
	x	Hexadezimalzahl

Die folgenden Beispiele sollen diese Ausführungen verdeutlichen:

Vor der Ausgabe des Wortes "Argument" und der gleichnamigen Variablen soll auf eine neue Zeile gesprungen werden.

```
echo "\n Argument: " $argument
```

Vor der Ausgabe soll ein Seitenvorschub durchgeführt werden und die Schreibmarke um drei Tabulatorpositionen eingerückt werden. Der Wert der Variablen soll in derselben Zeile erscheinen wie die Bezeichnung "Argument":

```
echo "\f\t\t\tArgument:\c " $argument
```

Um Ausgaben von Kommandos über echo formatiert ausgeben zu können, wird die sogenannte Kommandosubstitution verwendet.

Diese Shell-Eigenschaft sorgt dafür, daß eine entsprechend formatierte Kommandofolge durch ihre Ausgabe ersetzt wird. Dabei erfolgt die Formatierung der entsprechenden Kommandos durch Gravisakzente[3] ` Kommando1; Kommando2; ... `.

Lautet das aktuelle Verzeichnis beispielsweise /usr/frank, so ist die Zuweisung

```
d=`pwd`
```

äquivalent mit

```
d=/usr/frank
```

Innerhalb von echo-Anweisungen können Kommandos wie folgt substituiert werden:

```
echo "Momentan sind " `who | wc -l` " Benutzer angemeldet !"
```

Die Anweisungen innerhalb der Akzente werden zur Laufzeit durch die Ausgabe des Kommandos wc ersetzt. Die Ausgabe des echo-Kommandos kann auch über die Umleitungsoperatoren in Dateien geschrieben werden. Um beispielsweise die aktuelle Zeit und die Anzahl der momentan angemeldeten Benutzer in eine Datei fortzuschreiben, kann das folgende Shell-Skript verwendet werden:

```
echo `date` `who | wc -l` " Benutzer" >> datei.text
```

---

[3]Auf PC-Tastaturen mit MF II-Layout läßt sich der Gravisakzent durch Betätigung von SHIFT ' gefolgt von LEERTASTE erreichen.

3.4.4 Kontrollstrukturen

Bislang wurde jede Zeile eines Shellskripts genau einmal ausgeführt.
Um Anweisungen mehrmals ausführen zu können bzw. um verschiedene Anweisungen je Eingabekonstellation ausführen zu können, dienen
Kontrollstrukturen zur bedingten und iterativen Bearbeitung von Anweisungen. Folgende Kontrollstrukturen, die denen der Programmiersprache C ähneln[4], stehen zur Verfügung:

- Mit den Anweisungen `for` und `while` können Schleifen programmiert werden, in denen beliebige Anweisungen wiederholt ausgeführt werden.

- Bedingte Anweisungen können mit der Anweisung `if ... then ... fi` entwickelt werden.

- Mehrfachverzweigungen können durch die Anweisung `case ... esac` konstruiert werden.

- Der Ablauf eines Shell-Skripts wird über die Anweisungen `break` und `continue` gesteuert.

- Zusätzlich bietet die Shell die Möglichkeit an, Anweisungen zu Funktionen zusammenzufassen.

In einer `for`-Schleife nimmt eine Variable jeden Wert aus einer gegebenen Liste von Werten an. Die Liste besteht dabei aus Wörtern, die
durch Leerstellen getrennt sind. Die Schleife wird für jedes Element der
Liste genau ein Mal durchlaufen. Die allgemeine Form einer `for`-Schleife
sieht wie folgt aus:

```
for <Variable> in <Liste>
do
    <erstes Kommando>
    ...
    <letztes Kommando>
done
...
```

---

[4]Vgl. dazu [Kernighan, Ritchie], S. 55 ff.

Alle Kommandos innerhalb des **do .. done**-Blocks können auf die Variable zugreifen. Nach jedem Durchlauf des Kommandoblocks wird der Variablen der nächste Wert aus der Liste zugewiesen. Ist kein Wert mehr verfügbar, so wird die Ausführung des Shell-Skripts nach der **done**-Anweisung fortgesetzt. Benennt man die Variable z.B. mit dem Namen **datei**, so können die Kommandos auf den Inhalt von **datei** über die Angabe von **$datei** zugreifen. Das Zeichen **$** dient dabei zur Mitteilung, daß man auf den Inhalt der Variablen zugreifen möchte. Bei der Benennung der Variablen muß man eventuell reservierte Shell-Kommandos vermeiden. Wird das Schlüsselwort in und die Listenangabe ausgelassen, so nimmt die angegebene Variable nacheinander den Wert jedes verfügbaren Argumentes an, der an das Shell-Skript übergeben wurde. Die Wirkungsweise sei an einigen Beispielen verdeutlicht.

Die Dateien **winter.gedicht** und **sommer.gedicht** sollen nacheinander mit dem Kommando **cat** auf dem Bildschirm ausgegeben werden. Als Variablenname wird **datei** verwendet.

```
for datei
    in winter.gedicht sommer.gedicht
    do
        cat $datei
    done
```

Wenn diese Shell den Namen **shellprog3** erhält, liefert sie bei der Ausführung folgendes Ergebnis:

```
$ sh shellprog3
```

```
Es ist Winter.
Alle haben Ferien.
Draussen ist es kalt.
Alle warten auf den Sommer.
Es ist Winter.
Es ist Sommer.
Alle haben Ferien.
Draussen ist es heiss.
Alle warten auf den Winter.
Es ist Sommer.
```

Alle übergebenen Argumente des Shell-Skripts sollen nacheinander auf
der Standardausgabe ausgegeben werden.

```
for argument
    do
            echo "\n Argument: " $argument
    done
```

Die Ausführung dieser Shell `shellprog4` liefert folgendes Ergebnis:

```
$ sh shellprog4 Hallo Alfred Alles Gute
```

```
Argument: Hallo
Argument: Alfred
Argument: Alles
Argument: Gute
```

Hier wird durch \n ein Zeilenvorschub erzeugt, so daß jedes Argument
in einer neuen Zeile steht.

In einer while-Schleife werden zwei Kommandolisten bearbeitet. Die
erste Kommandoliste dient als Prüfung für die Ausführung der zweiten
Kommandoliste. Solange das letzte Kommando der ersten Kommandoliste nicht den Wert Null zurückliefert, werden alle Kommandos der
zweiten Liste ausgeführt:

```
while
    <erstes Kommando>
    ...
    <letztes Kommando>
do
    <erstes Kommando>
    ...
    <letztes Kommando>
done
...
```

Im folgenden Beispiel dient der Befehl **read** dazu, Eingaben von der
Standardeingabe, d.h. i.d.R. der Tastatur, in die Variable **eingabe** zu

lesen. Die Definition der Variablen `eingabe` erfolgt dabei im Kontext der ersten Verwendung. Solange eine Eingabe vom Benutzer erfolgt, die nicht leer bzw. `Null` ist, wird im `do..done`-Block die Eingabe mit dem Befehl `banner` ausgegeben. Eine leere Eingabe erzeugt man, indem man [CONTROL] d eingibt.

```
while
     read eingabe
do
     banner $eingabe
done
```

Die Ausführung dieses Shell-Skripts `shellprog5` liefert folgendes Ergebnis:

$ sh shellprog5

Hallo

```
#       #
#       #    ##     #           #           ####
#       #   #  #    #           #          .#    #
#######  #     #    #           #           #    #
#       #  ######   #           #           #    #
#       #  #    #   #           #           #    #
#       #  #    #   ######   ######    ####
```

Du

```
######
 #       #  #     #
 #       #  #     #
 #       #  #     #
 #       #  #     #
 #       #  #     #
######    ####
```

```
CONTROL d
$
```

Eine `if`-Anweisung prüft den Rückgabewert eines Kommandos. Ist dieser Rückgabewert positiv, werden die Kommandos nach dem Schlüsselwort `then` ausgeführt. Die Gruppe der auszuführenden Kommandos wird mit `fi` abgeschlossen.

```
if
      <erstes Kommando>
      ...
      <letztes Kommando>
then
      <erstes Kommando>
      ...
      <letztes Kommando>
fi
```

Diese Zeilenaufteilung ist unbedingt einzuhalten.

Das folgende Beispiel liest von der Standardeingabe einen Benutzernamen ein und schaut mittels `who` nach, ob dieser Benutzer momentan am System angemeldet ist. Ist dies der Fall, so erscheint eine Meldung über `echo`.

```
echo Benutzernamen eingeben:
read benutzer
if who | grep $benutzer
then
      echo $benutzer arbeitet gerade im System.
fi
```

Die Ausgabe dieser Shell ist unmittelbar einleuchtend.

Die `if..then`-Anweisung kann so modifiziert werden, daß eine alternative Kommandoliste ausgeführt wird, falls die Bedingung nicht erfolgreich geprüft wurde:

```
if
      <erstes Kommando>
```

```
    ...
    <letztes Kommando>
then
    <erstes Kommando>
    ...
    <letztes Kommando>
else
    <erstes Kommando>
    ...
    <letztes Kommando>
fi
```

Damit läßt sich das vorige Beispiel modifizieren.

```
echo Benutzernamen eingeben:
read benutzer
if who | grep $benutzer
then
    echo $benutzer arbeitet gerade im System.
else
    echo $benutzer arbeitet momentan nicht im System.
fi
```

Wenn man die Ausgaben von Kommandos in Shell-Skripten als störend empfindet, wie z.B. die Ausgabe von **grep** im obigen Beispiel, so kann man diese Ausgaben unterdrücken, indem man sie an die Datei /dev/null umleitet. Diese Datei dient sozusagen als "Mülleimer" der Shell, in den nicht mehr benötigte Ausgaben geschrieben werden können. Auch in DOS gibt es die Bezeichnung **NUL:** für diese Möglichkeit.

```
echo Benutzernamen eingeben:
read benutzer
if who | grep $benutzer >/dev/null
then
    echo $benutzer arbeitet gerade im System !
else
    echo $benutzer arbeitet momentan nicht im System !
fi
```

```
$ sh shellprog6
```

```
Benutzernamen eingeben:
frank
frank arbeitet gerade im System !
```

Die `case`-Anweisung führt eine Mehrfachverzweigung beim Prüfen von Mustern durch. Jedem Muster kann dabei eine eigene Kommandoliste zugewiesen werden:

```
case <Zeichenkette>
in
    <Muster1> )
        <erstes Kommando>
        ...
        <letztes Kommando>
      ;;
    <Muster2> )
        <erstes Kommando>
        ...
        <letztes Kommando>
        ;;
    * )
        <erstes Kommando>.
        ...
        <letztes Kommando>
        ;;
esac
```

Dabei stimmt das Muster * immer mit der zu prüfenden Zeichenkette überein. Die Kommandoliste des Musters * wird also immer dann ausgeführt, wenn kein vorhergehendes Muster dem Wort entspricht. Dies entspricht der ELSE- oder OTHERWISE-Regel in anderen Programmiersprachen.

Im folgenden Beispiel **begruessung** soll eine über die Standardeingabe gelesene Zeichenkette untersucht werden, um anschließend bestimmte Ausgaben auf der Standardausgabe zu veranlassen.

```
echo Bitte gib deinen Vornamen ein:
read Vorname
case $Vorname
```

```
in
    Frank )
        echo Guten Morgen, Schatz !
        echo Moechtest Du einen Kaffee ?
        ;;
    Alfred )
        echo Hallo !
        echo Lange nicht mehr gesehen !
        ;;
    * )
        echo Dich kenne ich nicht !
        ;;
esac
```

Die Klammer nach jedem zu erkennenden Muster und das doppelte Semikolon als Abschluß eine Gruppe von Kommandos nach einer Alternative dürfen nicht vergessen werden.

Die Ausführung dieses Skripts liefert folgendes Ergebnis:

```
$ sh begruessung
Bitte gib deinen Vornamen ein:
Frank
Guten Morgen, Schatz !
Moechtest Du einen Kaffee ?
$ sh begruessung
Bitte gib deinen Vornamen ein:
Jan
Dich kenne ich nicht !
```

Mit der Anweisung `test` können Bedingungen in `if..then`-Anweisungen formuliert werden, um die Eigenschaften von Dateien zu ermitteln oder Variablen zu vergleichen, damit die Arbeit im Shell-Skript durch das Testergebnis gesteuert werden kann. Statt das Kommando `test` vor die Bedingung zu setzen, kann die ganze Bedingung auch in eckige Klammern eingefaßt werden. Die wichtigsten Optionen des `test`-Kommandos sind:

Anweisung	Bedeutung
`test -d <datei>`	wahr, wenn `datei` existiert und ein Verzeichnis ist
`test -f <datei>`	wahr, wenn `datei` existiert und eine "normale" Datei ist
`test -r <datei>`	wahr, wenn `datei` existiert und die Leseerlaubnis vorhanden ist
`test -w <datei>`	wahr, wenn `datei` existiert und Schreiberlaubnis verfügbar ist
`test -x <datei>`	wahr, wenn `datei` existiert und Ausführungserlaubnis verfügbar ist
`test -s <datei>`	wahr, wenn `datei` existiert und mindestens ein Zeichen enthält
`test -h <datei>`	wahr, wenn `datei` existiert und es sich um einen Verweis handelt
`test <num1> -eq <num2>`	wahr, wenn der erste numerische Wert gleich dem zweiten numerischen Wert ist.
`test <num1> -ne <num2>`	wahr, wenn der erste numerische Wert ungleich dem zweiten numerischen Wert ist.
`test <str1>=<str2>`	wahr, wenn die erste Zeichenkette gleich der zweiten Zeichenkette ist.
`test <str1>!=<str2>`	wahr, wenn die erste Zeichenkette ungleich der zweiten Zeichenkette ist.
`test -n <str>`	wahr, wenn die Zeichenkette nicht leer ist
`test -z <str>`	wahr, wenn die Zeichenkette leer ist

Wenn man das folgende Shell-Skript mit Dateinamen als Argumenten aufruft, wird für jede Datei angegeben, ob sie Daten enthält oder leer ist.

```
for datei
do
    if test -s $datei
    then
        echo Die Datei $datei enthaelt Daten.
    else
```

```
            echo Die Datei $datei ist leer oder existiert nicht.
    fi
done
```

$ sh dateitester winter.gedicht herbst.gedicht

```
Die Datei winter.gedicht enthaelt Daten.
Die Datei herbst.gedicht ist leer oder existiert nicht.
```

Das Kommando **break** bricht die umgebende **for**- bzw. **while**-Schleife ab; die Bearbeitung des Shell-Skripts wird nach der entsprechenden **done**-Anweisung weitergeführt. Auch die **case**- und **if**-Anweisungen können mit **break** abgebrochen werden; die Ausführung wird dann nach der entsprechenden **esac** bzw. **fi**-Anweisung weitergeführt.

Im folgenden Beispiel **kaffeetest** wird die Liste der Argumente, die beim Aufruf der Shell übergeben wurden, solange gelesen, bis das Wort "Kaffee" darin entdeckt wurde oder die Liste zu Ende ist.

```
for richtigesWort
do
if [ "$richtigesWort"=Kaffee]
then
    break
fi
echo Der Wert ist: $richtigesWort
done
```

$ sh kaffeetest Milch kaffee Kaffee Tee

```
Der Wert ist: Milch
```

```
Der Wert ist: kaffee
```

Die Anweisung **continue** dient dazu, den restlichen Kommandoblock einer Schleife zu überspringen und die Schleife für die nächste Iteration auszuführen.

Im nächsten Beispiel **loesche** werden alle Dateien, die nicht den Namen **winter.gedicht** haben und beim Aufruf des Shell-Skripts als Argumente angegeben werden, gelöscht. Die **continue**-Anweisung läßt die Schleife die Arbeit mit dem nächsten Argument ausführen.

```
for datei
do
    echo Datei gefunden: $datei
    if [ "$datei"=winter.gedicht ]
    then
        continue
    else
        echo Datei $datei wird geloescht.
        rm $datei
    fi
done
```

```
$ sh loesche winter.gedicht winter.sort1 winter.sort2
Datei gefunden: winter.gedicht
Datei gefunden: winter.sort1
Datei winter.sort1 wird geloescht.
Datei gefunden: winter.sort2
Datei winter.sort2 wird geloescht.
```

In Shell-Skripten können Anweisungen auch zu Funktionen zusammengefaßt werden. Mit Funktionen können komplexe Shell-Skripte erstellt werden, die modular aufgebaut sind. Eine Funktion wird in einem Shell-Skript wie folgt definiert:

```
<Funktionsname>()  # Funktionsdefinition
{
        <erstes Kommando>
        ...
        <letztes Kommando>
}

...

<Funktionsname>;   # Funktions-Referenzierung
```

Funktionen können gut dazu verwendet werden, um die Lesbarkeit von Shell-Skripten zu verbessern. Oft ist die Struktur eines Shell-Skripts besser zu erkennen, wenn umfangreiche echo-Anweisungen von den

Kontrollstrukturen getrennt werden. Soll beispielsweise eine umfangreiche Bildschirmmaske vor der eigentlichen Operation ausgegeben werden, kann wie im folgenden Beispiel eine Funktion verwendet werden:

```
Meldung()
{
        clear ;
        echo " Dieses Shell-Skript loescht alle Dateien";
        echo " in Ihrem gesamten Verzeichnisbaum, "     ;
        echo " die mit der Endung .bak versehen sind."  ;
        echo " Bitte bestaetigen Sie diese Operation"   ;
        echo " durch die Eingabe von <j> ! "            ;
}

Meldung;

read $antwort

if [ "$antwort" != j ]
then
    echo "Operation abgebrochen"
else
    find $HOME -name *.bak -exec rm {} \;
fi

echo "Fertig.\n"
```

3.5   Reguläre Ausdrücke

Reguläre Ausdrücke dienen bei vielen Werkzeugen des UNIX-Systems zur Erkennung von Mustern in der Eingabe. So benutzt ls reguläre Ausdrücke zur Suche nach Dateien. Die bekanntesten regulären Audrücke sind die bereits aus DOS bekannten Platzhalter * und ?. Da reguläre Ausdrücke ein mächtiges Werkzeuge bei der täglichen Arbeit mit dem System darstellen, soll hier eine Teilmenge der möglichen regulären Ausdrücke vorgestellt werden. Bei der Verwendung von regulären Ausdrücken werden Zeichen in zwei Mengen eingeteilt. Es gibt Zeichen ohne Sonderbedeutung und Zeichen mit Sonderbedeutung, die sogenannten *Meta-Zeichen*. Die Zeichen ohne Sonderbedeutung stehen bei der Suche nach Mustern für sich selbst, wogegen den Meta-Zeichen eine besondere Bedeutung zukommt. In regulären Ausdrücken können Zeichen ohne Sonderbedeutung mit Meta-Zeichen verknüpft werden. In der folgenden Übersicht wird einem regulären Ausdruck das jeweilige Muster gegenübergestellt, das er in der Eingabe erkennt:

Eingabe	Bedeutung
c	erkennt das Zeichen c in der Eingabe; c ist kein Meta-Zeichen.
\c	erkennt das Zeichen c in der Eingabe; c ist ein Meta-Zeichen ("Maskierung").
^	erkennt einen Zeilenanfang.
$	erkennt ein Zeilenende.
.	steht für ein beliebiges Zeichen außer einem Zeilenvorschub.
[..]	erkennt jedes Zeichen aus der Zeichenkette in den Klammern.
e*	Wenn e ein regulärer Ausdruck ist, erkennt e* null oder mehr reguläre Ausdrücke e in der Eingabe.
e1e2	Wenn e1 und e2 reguläre Ausdrücke sind, erkennt e1e2 in der Eingabe den ersten regulären Ausdruck gefolgt vom zweiten regulären Ausdruck.

Die Arbeitsweise sei an Beispielen erläutert:

Ausdruck	Bedeutung
[abc]	einer der Buchstaben a,b oder c
[a-z]	ein Kleinbuchstabe
[a-z0-9]	ein Kleinbuchstabe oder eine Ziffer
[A-Z]*	eine Zeichenfolge aus Großbuchstaben
abc[a-z][0-9]	eine Zeichenfolge, die mit abc anfängt dann aus einem Kleinbuchstaben und einer Ziffer besteht.
M[ea][iy]er	Meier, Maier, Meyer und Mayer
*\.c	alle Zeichenfolgen, die auf .c enden

Da der Punkt in regulären Ausdrücken ein Meta-Zeichen darstellt, er aber im letzten Beispiel als normales Zeichen "Punkt" verwendet werden soll, muß er durch den vorausgestellten Gegenschrägstrich seiner Metazeichen-Sonderbedeutung beraubt werden. Er wird "maskiert".

Im folgenden sollen einige Beispiele für die Verwendung von regulären Ausdrücken in den wichtigsten Kommandos gegeben werden. Dabei werden die Beispieldateien `winter.gedicht` und `sommer.gedicht` verwendet.

Das Kommando `ls` erkennt reguläre Ausdrücke bei der Suche nach Dateien. Die Funktion der Meta-Zeichen ? und * ist bereits von DOS her bekannt.

```
$ ls ????er.*
```

```
sommer.gedicht     winter.gedicht     winter.nummer
```

Der reguläre Ausdruck `????er.*` bei `ls` erkennt Dateinamen, die mit vier beliebigen Zeichen beginnen, dann die drei Zeichen `er.` und anschließend beliebig viele weitere Zeichen haben. Da in UNIX der Punkt ein normales Zeichen für Dateinamen ist, wird bei `ls` die Funktion des Meta-Zeichens "." von dem Zeichen "?" erfüllt.

Die Datei `winter.gedicht` soll nach Zeilen durchsucht werden, bei denen am Zeilenanfang das Zeichen `A` steht:

```
$ grep '^A' winter.gedicht
```

```
Alle haben Ferien.
Alle warten auf den Sommer.
```

Da die meisten Meta-Zeichen auch von der Shell ausgewertet werden, sollten sie wie im obigen Beispiel durch einfache Hochkommata "maskiert" werden. Diese Maskierung sorgt dafür, daß die regulären Ausdrücke als Ganzes an das Kommando `grep` weitergeleitet werden und nicht vorher von der Shell verarbeitet werden.

Nun sollen die Zeilen einer Datei gesucht werden, bei denen am Zeilenende ein Punkt steht. Hier ist zu beachten, daß der Punkt ein Meta-Zeichen ist; wenn also ein Punkt in einer Datei erkannt werden soll, ist die Maskierung dieses Zeichens mit dem Operator \ notwendig:

```
$ grep ’\.$’ erste.uebung
```

```
sind, druecken Sie ESCAPE.
```

Um aus der Datei die Zeilen zu suchen, die als zweites Zeichen ein i besitzen, verwendet man mit **grep** folgenden regulären Ausdruck:

```
$ grep ’^.i’ erste.uebung
```

```
Hier geben Sie Text im vi ein;
sind, druecken Sie ESCAPE.
```

Ein Zeichenbereich kann innerhalb von eckigen Klammern angegeben werden. So erkennt folgendes Kommando alle Zeilen, die mit einem Großbuchstaben beginnen, dann ein i haben, dann zwei beliebige Zeichen (..) und schließlich ein Leerzeichen:

```
$ grep ’[A-Z]i.. ’ erste.uebung
```

```
Hier geben Sie Text im vi ein;
```

In der Datei `autos.uebung` soll nach allen Modellen gesucht werden, die mehr als 199 PS haben. Der folgende reguläre Ausdruck durchsucht die Datei nach Zeilen, in der am Zeilenanfang drei Ziffern stehen. Dabei muß die erste Ziffer höher oder gleich 2 sein:

```
$ grep ’^[2-9][0-9][0-9]’ autos.uebung
```

```
310    9.6    92   Porsche    368
```

Diese Beispiele können auch unter **vi** ausgeführt werden. Der entsprechende reguläre Ausdruck wird dann als Suchausdruck nach Eingabe von **/** im Kommandomodus angegeben.

3.6 awk-Programmierung

awk ist eine einfache Programmiersprache, mit der sehr leicht Dateien zeilenweise bearbeitet werden können. Typischerweise wird awk zur Erzeugung aufbereiteter Listen eingesetzt. Ein awk-Programm geht dabei wie folgt vor:[5]

- Die zu untersuchende(n) Datei(en) werden zeilenweise bearbeitet.

- Jede Zeile wird automatisch mit Hilfe des Feldtrennzeichens in einzelne Felder zerlegt. Standardtrennzeichen ist das Leerzeichen.

- Zeilen und/oder Felder werden nach Mustern untersucht, die der Programmierer vorgibt.

- In Abhängigkeit vom Untersuchungsergebnis werden je Zeile bestimmte Aktionen veranlaßt, die durch eine oder mehrere Anweisungen zu formulieren sind.

- Das Programm kann durch Vorlauf- und Nachlaufanweisungen, die vor bzw. nach der zeilenweisen Bearbeitung durchgeführt werden, ergänzt werden.

Ein awk-Programm enthält Variablen, Konstanten, Anweisungen, Operatoren, Funktionen und Muster.

- Konstanten

  Es gibt numerische Konstanten und alphanumerische Konstanten; letztere werden durch Anführungszeichen kenntlich gemacht.

- Variablen

  Variablen kann man selbst definieren, ihr Typ — numerisch, alphanumerisch — wird aus dem Kontext ermittelt. Daneben gibt es die awk-Variablen:

$1, $2, ...	Felder 1, 2, ff. aus der Eingabezeile
$0	gesamte Eingabezeile

---

[5]Die hier beschriebene awk-Version entspricht der neueren Implementierung nawk, die zur Ablösung des älteren awk bestimmt ist.

`ARGC`	Anzahl der Argumente aus der Eingabezeile
`ARGV`	Feld mit den Argumenten aus der Eingabezeile
`FILENAME`	Name der aktuellen Eingabedatei
`FNR`	Nummer des aktuellen Eingabesatzes der aktuellen Datei
`FS`	Feldtrennzeichen in der Eingabe Standard: Leerzeichen
`NF`	Anzahl der Felder in der Eingabezeile
`NR`	Anzahl der bereits gelesenen Zeilen
`OFS`	Trennzeichen von Feldern in der Ausgabe Standard: Leerzeichen
`ORS`	Zeichen für neuen Ausgabesatz Standard: Neue-Zeile-Zeichen
`OFMT`	Ausgabeformat für die Aufbereitung von Zahlen bei der Ausgabe Standard: `%.6g`
`RS`	Eingabesatz-Trennzeichen Standard: Neue-Zeile-Zeichen

Variablen können Skalare, Felder oder Feldelemente, geschrieben als `a[i]`, sein. Sie werden im Kontext der ersten Zuweisung definiert und je nach Typ mit Null oder der Nullzeichenfolge initialisiert.

- Anweisungen

  - `if (<Bedingung>) <Anweisung1> [ else <Anweisung2>]`
    Wenn die `Bedingung` wahr ist, wird die `Anweisung1` ausgeführt. Ist die `else`-Klausel angegeben, so wird die `Anweisung2` ausgeführt, wenn die `Bedingung` nicht erfüllt ist.

  - `while ( <Bedingung> ) <Anweisung>`
    Solange die `Bedingung` wahr ist, wird die `Anweisung` ausgeführt.

  - `for ( <Ausdruck1> ; <Bedingung> ;`
    `<Ausdruck2> ) <Anweisung>`
    Diese Anweisung erlaubt ebenfalls wie `while` die Konstruktion einer Schleife. Zuerst führt diese Anweisung den `Ausdruck1` aus. `Ausdruck1` initialisiert dabei in der Regel einen Schleifenzähler. Die Schleife wird ausgeführt, solange die `Bedingung` wahr ist. Dann wird die `Anweisung` ausgeführt. Am Ende des

Schleifendurchlaufs wird `Ausdruck2` ausgewertet, der in der Regel den Schleifenzähler modifiziert.

— `break`
Die Ausführung der nächsten umgebenden Schleife wird abgebrochen.

— `continue`
Die Ausführung der nächsten umgebenden Schleife wird bei dem Bewertungsausdruck fortgesetzt.

— `[ <Anweisung>]`
Durch die eckigen Klammern werden Anweisungen gruppiert.

— `<Variable> = <Ausdruck>`
Einer `Variablen` wird ein Wert zugewiesen. Der Wert resultiert aus der Bewertung des `Ausdrucks`.

— `print [ <Ausdruckliste>] [ > <Ausdruck>]`
Einer oder mehrere Ausdrücke werden auf der Standardausgabe ausgegeben. Mit dem Umleitungssymbol kann die Ausgabe auch umgeleitet werden. Die Anweisung `print` ohne Argumente veranlaßt die Ausgabe des aktuellen Satzes.

— `printf format [ , <Ausdruckliste>] [ > <Ausdruck>]`
Einer oder mehrere Ausdrücke werden formatiert auf der Standardausgabe ausgegeben. Mit dem Umleitungssymbol kann die Ausgabe auch umgeleitet werden. Die `printf`-Anweisung richtet sich dabei nach den bereits beschriebenen C-Formatierungskonventionen.

— `next`
Für die `for`-Schleife wird die nächste Iteration durchgeführt.

— `exit`
Die Ausführung des `awk`-Programms wird abgebrochen.

— `return`
Rückgabe eines Funktionswertes innerhalb von `awk`-Funktionen.

— Funktionen:
Zur Modularisierung können `awk`-Programme auch Funktionen enthalten. Die Definition von Funktionen kann auf eine der beiden folgenden Arten erfolgen:

```
func      <Name> ( <Parameter>, ...) { Anweisungen }
function <Name> ( <Parameter>, ...) { Anweisungen }
```

Der Aufruf von Funktionen kann nach der Definition erfolgen durch:

```
<Name> ( Ausdruck, ... )
```

Anweisungen werden durch Semikolon, Neue-Zeile-Zeichen oder eine rechte geschweifte Klammer } beendet. Ausdrücke nehmen je nach Bedarf Zeichenfolgen oder numerische Werte an und werden mit Hilfe von Variablen und den Operatoren + - * / % ^ sowie Verkettung gebildet.

Die Operatoren der Programmiersprache C (++ -- += -= *= /= %=) sind auch in Ausdrücken erlaubt.

- Operatoren

Operator	Bedeutung	Beispiel
+	Addition	a+b
-	Subtraktion	a-b
*	Multiplikation	a*b
/	Division	a/b
%	Rest der Division	a%b
++	Erhöhung um 1 (unär)	a++
--	Minderung um 1 (unär)	--a
+=	Additionzuweisung	a+=b entspricht a=a+b
-=	Subtraktionszuweisung	a-=b entspricht a=a-b
*=	Multiplikationszuweisung	a*=b entspricht a=a*b
/=	Divisionszuweisung	a/=b entspricht a=a/b
%=	Rest der Division	a%=b entspricht a=a%b

- Funktionen

In Ausdrücken können auch die awk-Funktionen eingesetzt werden:

```
length(s)       liefert die Länge der angegebenen
                Zeichenfolge s oder der ganzen Zeile,
                wenn kein Argument angegeben ist.
sprintf(        formatiert die Ausdrücke gemäß dem
  fmt,expr,     printf(3S) Format, welches
  expr, ...)    durch fmt angegeben ist, und gibt die
                entstehende Zeichenfolge zurück.
```

`substr(s,m,n)`	liefert die Teilzeichenfolge von **s**, die n Zeichen hat und an Position **m** beginnt.
`index(s,t)`	sucht die Zeichenfolge t in s und liefert den Index oder Null zurück.
`match(s,r)`	sucht den regulären Ausdruck **r** in s und liefert den Index oder Null zurück.
`system(cmd)`	führt das Shellkommando **cmd** aus
`atan2(y,x)`	Arcustangens von **y/x** im Bogenmaß
`exp(x)`	Exponentialfunktion
`log(x)`	Logarithmusfunktion (zur Basis 10)
`sqrt(x)`	Quadratwurzelfunktion
`sin(x)`	Sinusfunktion
`cos(x)`	Cosinusfunktion
`int(x)`	Abrunden des Arguments auf eine ganze Zahl
`rand()`	Zufallszahl, verteilt zwischen 0 und 1
`srand(x)`	Zufallszahlengenerator mit Startwert **x** initialisieren. **x** ist optional.

- Muster

Muster sind beliebige boolesche Ausdrücke. Als logische Operatoren
sind erlaubt:

`!`	logische Negation von Ausdrücken
`||`	logische ODER-Verknüpfung von Ausdrücken
`&&`	logische UND-Verknüpfung von Ausdrücken
`()`	Klammerung von Ausdrücken
`==`	Gleichheit
`!=`	Ungleichheit
`<`	Kleiner als
`>`	Größer als
`<=`	Kleiner gleich
`>=`	Kleiner gleich

Als Bestandteil der booleschen Ausdrücke dürfen die bereits erwähnten regulären Ausdrücke auftreten, die in Schrägstriche eingeschlossen sein müssen und nach den Regeln von **grep** interpretiert werden.

Ein **awk**-Programm wird folgendermaßen aufgerufen:

```
awk [-F <c>] {<'Programm'>|-f <Dateiname>]}
    [<Initialisierung>] [<Dateiname>] ...
```

Mit der Option -Fc kann als Zeichen c ein anderes Feldtrennzeichen angegeben werden. Über Initialisierung können in der Form <Variable>=<Ausdruck> Anfangswerte von Variablen gesetzt werden. Schließlich werden die Dateien angegeben, die awk als Eingabedateien lesen soll. Fällt die Angabe der Eingabedateien weg, liest awk von der Standardeingabe. Dies ist dann nützlich, wenn Filter oder Listengeneratoren über die Tastatureingabe getestet werden sollen. Wenn ein awk-Programm nur aus einer Zeile besteht, kann es in Hochkommata eingeschlossen direkt angegeben werden (<'Programm'>). Wenn das Programm länger wird, z.B. weil mehrere Muster erkannt werden sollen oder weil es Vor- oder Nachlaufanweisungen gibt, muß das Programm mit einem Editor erfaßt werden, und der Dateiname wird über die Option -f <Dateiname> übergeben. Eine Zeile des awk-Programms hat stets folgenden Aufbau:

```
<Muster> { <Aktion> }
```

Die Aktion kann aus mehreren Anweisungen bestehen, die durch Semikolon zu trennen sind. Sie wird ausgeführt, sobald eine Zeile einer Eingabedatei zu dem Muster paßt. Wird keine Aktion zu einem Muster angegeben, wird die Eingabezeile einfach auf die Standardausgabe geschrieben. Fehlt zu einer Aktion das Muster, so wird die Aktion für jede Eingabezeile ausgeführt.

Wenn ein Programm in eine Datei geschrieben werden soll, muß folgende Struktur vorgesehen werden:

```
BEGIN {
        <Vorlaufanweisungen>
}
<Muster1>  { <Aktion1> }
<Muster2>  { <Aktion2> }
...
END {
        <Nachlaufanweisungen>
}
```

Wenn hier das Feldtrennzeichen angegeben werden soll, muß das Programm wie folgt beginnen:

```
BEGIN { FS=c }
```

Die Wirkungsweise von kleineren **awk**-Programmen soll jetzt demonstriert werden. Dem tiefer Interessierten sei zum weiteren Studium das Werk [Aho et. al.] empfohlen.

Alle Zeilen der Datei **winter.gedicht**, die länger als 21 Zeichen sind, sollen ausgegeben werden. Die einfache Ausgabe auf dem Bildschirm ist die Standardaktion, daher wird hier keine eigene Aktion angegeben.

$ awk 'length > 21' winter.gedicht

```
Alle warten auf den Sommer.
```

Alle Zeilen der Datei **winter.gedicht** sollen mit einer Zeilennummer versehen ausgegeben werden. Da alle Zeilen bearbeitet werden sollen, muß kein Muster angegeben werden. **NR** ist die **awk**-Variable für die Zeilennummer, **$0** die ganze Zeile.

$ awk '{print NR," ",$0}' winter.gedicht

```
1  Es ist Winter.
2  Alle haben Ferien.
3  Draussen ist es kalt.
4  Alle warten auf den Sommer.
5  Es ist Winter.
```

Alle Zeilen der Datei **winter.gedicht**, deren erstes Feld länger ist als das erste Feld der Folgezeile, sollen ausgegeben werden. Das erste Feld **$1** wird dabei in der Variablen **f1alt** zwischengespeichert. Die Bedingung des Musters ist also **length($1)>length(f1alt)**. Die Aktionen, durch Semikolon getrennt, sind **print;f1alt=$1**.

$ awk 'length($1)!>length(f1alt) {print; f1alt=$1}' winter.gedicht

```
Es ist Winter.
Alle haben Ferien.
Draussen ist es kalt.
```

Die Felder einer Zeile der Datei `winter.gedicht` sollen für alle Zeilen in umgekehrter Reihenfolge ausgegeben werden. Dabei ist i der Laufindex und `NF` die `awk`-Variable für die Anzahl der Felder einer Zeile.

$ *awk '{ for (i = NF; i > 0; − −i) print $i }' winter.gedicht*

```
Winter.
ist
Es
Ferien.
...
```

Im Übungsblock des Kapitels 2 wurde die Beispieldatei `autos.uebung` eingegeben. Mit `awk` sollen die Durchschnittswerte für die ersten drei Spalten der Beispieldatei berechnet werden. Dafür müssen die Summen aus den Spalten gebildet werden und durch die Anzahl der eingelesenen Zeilen geteilt werden. Anschließend erfolgt dann die Ausgabe. Zu diesem Zweck wird mit dem Editor `vi` das folgende `awk`-Programm unter dem Namen `durchschn.awk` eingegeben:

```
# Doppelkreuze kennzeichnen Kommentarzeilen
# awk Programm zur Berechnung von Mittelwerten aus Spalten
# Variablendefinition und Initialisierung
BEGIN      {
    ps = 0 ;
    beschl = 0 ;
    baujahr = 0 ;
    zeilen = 0 ;
}
#
# Aktion ohne Muster, wird auf jede Eingabezeile angewendet
#
{
if ( length > 0 )         # Zeile enthaelt Daten
    {
    zeilen += 1 ;         # Zeilenzaehler erhoehen
```

```
    printf "\n Lese Zeile %d  " , zeilen ;
    ps += $1 ;              # 1. Sp. aufadd. : $1 = PS-Spalte
    beschl += $2 ;          # 2. Sp. aufadd. : $2 = Beschl.Spalte
    baujahr += $3 ;         # 3. Sp. aufadd. : $3 = Baujahr-Spalte
    }
}
# Abschliessende Berechnung und Ausgabe bzw. Fehlerhinweis
END {
  if ( zeilen > 0 )
   {
   printf "\nDurchschn. PS-Leistung   : %4.0f", ps/zeilen;
   printf "\nDurchschn. Beschleun.    : %6.1f", beschl/zeilen;
   printf "\nDurchschn. Baujahr       : %4d\n", baujahr/zeilen;
   }
  else
     printf "\nKeine gueltigen Eingabezeilen gefunden !\n"
}
#    awk-Programm Ende
```

Dieses Programm kann man durch die folgende Kommandozeile ablaufen lassen:

```
$ awk -f durchschn.awk autos.uebung


    Lese Zeile 1
    Lese Zeile 2
    Lese Zeile 3
    Lese Zeile 4
    Lese Zeile 5
    Lese Zeile 6
    Lese Zeile 7
    Lese Zeile 8
    Lese Zeile 9
    Lese Zeile 10
    Lese Zeile 11
    Lese Zeile 12
    Lese Zeile 13
    Lese Zeile 14
    Lese Zeile 15
    Lese Zeile 16
    Durchschn. PS-Leistung   :  107
```

```
Durchschn. Beschleun.     :   15.1
Durchschn. Baujahr        :   87
```

Das folgende Programm zweispalt.awk zeigt, wie man einfach zwei
Spalten aus einer Liste herausfiltert.

```
# Doppelkreuze kennzeichnen Kommentarzeilen
# awk-Programm zum Filtern von 2 Spalten aus der Eingabedatei
# Eine Aktion ohne Muster wird auf jede Eing.zeile angewendet.
{
if ( length > 0 )                       # Zeile enthaelt Daten
    {
    printf "\n%-30s\t%s" , $5 , $1      # Schreibt Spalte 5
    }                                   # und dann Spalte 1
}
# awk-Programm Ende
```

Dieses Programm kann man durch die folgende Kommandozeile ablaufen lassen:

```
$ awk -f zweispalt.awk autos.uebung
```

```
Golf                    115
368                     310
Scorpio                 165
...
```

3.7   Übungsblock

Die Aufgaben dieses Übungsblocks lassen sich mit den verschiedenen
UNIX-Varianten unterschiedlich lösen. Die hier vorgeschlagenen Lösungen setzen zum einen voraus, daß die verwendete Software auch auf dem
Rechner installiert ist. Zum anderen ist die Umgebung, in die der Rechner eingebunden ist, also die anderen Rechner, die anderen Benutzer
usw., selten mit einer zweiten identisch.

Zunächst soll die Benutzung einer graphisch orientierten Oberfläche
vertieft werden. Dazu muß man sich zunächst wie gewohnt am System

anmelden; danach muß das X-Window-System gestartet werden. Dies ist natürlich nur möglich, wenn das Terminal X-Window-fähig ist, also ein sogenanntes X-Terminal. Weiter unten folgen dann Übungen, die auch mit einem zeichenorientierten Terminal zu absolvieren sind.

```
$ xinit
```

Das Terminal wird nun in den graphischen Bedienermodus geschaltet. Am Prompt der Shell kann man weitere Kommandos eingeben. Viele UNIX-Systeme sind so eingerichtet, daß bereits beim Anschalten eines X-Terminals das X-System gestartet wird. In diesem Fall gibt das System eine entsprechende Meldung, und die Arbeit kann fortgesetzt werden.

Ein Fenster für eine Terminalfunktion soll eingerichtet werden.

```
$ xterm &
```

In dem neu geöffneten Fenster können am Prompt der Shell Kommandos eingegeben werden. Die angemeldeten Benutzer sollen angezeigt werden.

```
$ who

...
frank      tty01     Feb 20    10:54
frank      ttyp1     Feb 20    11:33
...
```

In der Anzeige der angemeldeten Benutzer wird man jetzt zweimal ausgewiesen, da man auch für zwei Sitzungen angemeldet ist.

Im alten Fenster sollen Kommandos eingegeben werden. Dazu muß der Mauszeiger in dieses Fenster gefahren werden und die linke Maustaste betätigt werden. Der andersfarbig werdende Rahmen zeigt an, daß jetzt in diesem Fenster die Kommandoeingabe aktiv ist. Wenn das Fenster vorher verdeckt war, wird es außerdem nach oben geholt.

Im alten Fenster soll die Benutzerliste angezeigt werden.

```
$ who

...
frank      tty01     Feb 20   10:54
frank      ttyp1     Feb 20   11:33
...
```

Auch hier weist die Benutzerliste den Benutzer zweimal aus.

Position und Größe des neuen Fensters sollen mit Hilfe der Maus geändert werden, so wie es zu Beginn dieses Kapitels beschrieben wurde.

Eine Uhr mit der aktuellen Zeit soll angezeigt werden.

```
$ xclock
```

Das entstehende Bild kann mit einem Doppelklick der linken Maustaste auf dem Feld in der linken oberen Ecke des Fensters mit der Uhr wieder abgeschaltet werden.

Das neue Terminalfenster soll mit dem Abmelden vom System geschlossen werden. Dazu muß das Fenster wie oben beschrieben aktiviert werden. Am Prompt ist einzugeben:

```
$ exit
```

Das Fenster verschwindet nach dem Abmelden automatisch.

Die folgenden Übungen können auch von Terminals aus absolviert werden, die nicht in der Lage sind, mit dem X-Window-System zu arbeiten. Benutzer mit einem Arbeitsplatz, der X-Window-fähig ist, können die folgenden Übungen besonders anschaulich erledigen, wenn sie ein zweites Terminalfenster öffnen und zwischen den beiden Fenstern kommunizieren. Auf diese Weise hat man beide Seiten der Kommunikation auf einem Bildschirm gleichzeitig im Blick. Um die beiden Kommunikationsteilnehmer zu Wort kommen zu lassen, ist jeweils das entsprechende Fenster für die Eingabe zu aktivieren. Bei den im folgenden vorgestellten Lösungen erfolgt die Kommunikation stets mit sich selbst, damit die Übungen auch von Besitzern zeichenorientierter Terminals nachvollzogen werden können.

An einen anderen Benutzer — oder auch an sich selbst — soll interaktiv eine Nachricht verschickt werden. Dazu muß vorher ermittelt werden, ob der Benutzer angemeldet ist.

```
$ who
...
frank tty01 Feb 20 10:54
...
$ write frank tty01
Meldung von frank tty01 Feb 20 11:55
Wie geht es Dir?
Wie geht es Dir?
CONTROL d
<EOT>
$
```

Eine Nachricht in Großbuchstaben soll verschickt werden.

```
$ banner "Hi" | write frank tty01

Meldung von  frank  tty01  Feb 20  12:15
*   *  *
*   *  *
****   *
*   *  *
*   *  *
<EOT>

$
```

Das Sommergedicht soll als Nachricht verschickt werden.

```
$ write frank tty01 < sommer.gedicht
Meldung von frank tty01 Feb 20 12:18
Es ist Sommer.
...
<EOT>
$
```

An einen anderen Benutzer des Systems soll Post verschickt werden.
Dazu ist zunächst festzustellen, welche Benutzer es gibt.

```
$ more /etc/passwd
...
jan:x:105:1:Jan-Armin Reepmeyer:/home/jan:/sbin/sh
frank:x:106:1:Frank Bensberg:/home/frank:/sbin/sh
...
```

Die Zeichen ganz links in einer Zeile bis zum Doppelpunkt stellen den
Benutzernamen dar. In den hier vorgestellten Lösungen wird die Post
an sich selbst verschickt.

```
$ mail frank
Testpost
Test der Post
Mal sehen, ob es klappt.


Sie haben Post.
$
```

Die Meldung über den Posteingang muß nicht sofort erfolgen, da der
Zeitraum für das Nachschauen im Posteingang unterschiedlich eingestellt sein kann.

Das Wintergedicht soll als Post versandt werden.

```
$ mail frank < winter.gedicht
```

Das Wintergedicht soll als Post an einen unbekannten Benutzer versandt werden.

```
$ mail unbekannt < winter.gedicht
mail: Senden an unbekannt nicht möglich.
mail: Zurück an frank.
```

Nun wird die Datei `winter.gedicht` zurück an den Benutzer gesendet und in seiner Postdatei abgelegt. Bei erneutem Aufruf von `mail` erscheint die nicht zustellbare Nachricht mit einem Diagnosehinweis:

```
$ mail
Von frank Sun Feb 21 19:16 MEZ 1993
>Von frank Sun Feb 21 19:16 MEZ 1993 von frank
***** NICHT ADRESSIERBARE POST AN unbekannt,
zurück zu unix!frank *****
mail: Fehler: 8 'Ungültiger Empfänger' auf system unix
Es ist Winter.
...
? d
? h a


3 Nachrichten in /var/mail/frank gefunden,
1 Nachrichten sind zum Loeschen bestimmt,
0 Nachrichen sind neu eingetroffen

>    3  d  322     frank        Sun Feb 21 19:16 MEZ 1993
     2     118     frank        Sun Feb 21 19:16 MEZ 1993
     1      86     frank        Sun Feb 21 19:16 MEZ 1993


? RETURN
From frank Sun Feb 21 19:16 MEZ 1993
Es ist Winter
...
? RETURN
From frank Sun Feb 21 19:16 MEZ 1993
Testpost
...
? d 1
? h a
```

```
        3 Nachrichten in /var/mail/frank gefunden,
        2 Nachrichten sind zum Loeschen bestimmt,
        0 Nachrichen sind neu eingetroffen
        3 d  322     frank        Sun Feb 21 19:16 MEZ 1993
        2    118     frank        Sun Feb 21 19:16 MEZ 1993
 >      1 d  86      frank        Sun Feb 21 19:16 MEZ 1993
```

? u 1

? h a

```
        3 Nachrichten in /var/mail/frank gefunden,
        1 Nachrichten sind zum Loeschen bestimmt,
        0 Nachrichen sind neu eingetroffen
        3 d  322     frank        Sun Feb 21 19:16 MEZ 1993
        2    118     frank        Sun Feb 21 19:16 MEZ 1993
 >      1    86      frank        Sun Feb 21 19:16 MEZ 1993
```

? s post.rettung

$ more post.rettung

```
Testpost
...
```

Es soll festgestellt werden, ob das UNIX-System andere Rechner kennt
und ob es über NFS Zugriff auf andere Platten hat.

$ more /etc/hosts

```
127.0.0.1 localhost loopback

128.176.33.249 jupiter

128.176.33.248 saturn
```

$ /etc/mount

```
/          auf /dev/root lesen/schreiben/setuid
                Sa Feb 20 11:37:34 1993
/proc      auf /proc lesen/schreiben
                Sa Feb 20 11:37:36 1993
```

```
/dev/fd auf  /dev/fd lesen/schreiben
              Sa Feb 20 11:37:36 1993
/stand  auf /dev/dsk/0s10 lesen/schreiben
              Sa Feb 20 11:37:39 1993
```

Auf dem Rechner **saturn** soll mit dem Benutzernamen **hermann** eine Sitzung eröffnet werden, in der festgestellt wird, welche Benutzer dort angemeldet sind. Danach ist die Sitzung wieder zu beenden.

```
$ rlogin saturn
Paßwort: RETURN
Login: hermann RETURN
Paßwort: ____ RETURN
$ who
...
hermann ttyp3 Feb 20 12:35
...
$ exit
$
```

Das Kommando **telnet** bietet ähnliche Möglichkeiten.

Der Suchpfad für Kommandos ist um das Stammverzeichnis des Benutzers **frank** zu ergänzen.

```
$ PATH=$PATH:/usr/frank
$ export PATH
```

Ein Äquivalent für das DOS-Kommando **DIR** soll als Shell-Skript geschaffen und ausgeführt werden.

```
$ vi DIR
a ls -la | more ESC
ZZ
$ sh DIR
-rwx-r--r-- frank other 1024 Feb 20 9:40 .
...
```

Das Shell-Skript soll direkt ausführbar sein.

```
$ chmod u+x DIR
$ DIR
-rwx-r--r-- frank other 1024 Feb 20 9:40 .
...
```

Das Kommando soll auch in kleiner Schreibweise verfügbar sein.

```
$ ln DIR dir
$ dir
-rwx-r--r-- frank other 1024 Feb 20 9:40 .
...
```

Ein Äquivalent für das DOS-Kommando COPY soll als Shell-Skript geschaffen und ausgeführt werden.

```
$ vi COPY
a cp $1 $2 RETURN
echo $1 erfolgreich nach $2 kopiert. ESC
ZZ
$ sh COPY winter.gedicht winter.kopie
winter.gedicht erfolgreich nach winter.kopie kopiert.
```

Es soll ein Shell-Skript erstellt werden, welches Adressen in einer einfachen Datenbank verwaltet. Dabei sollen die Adressen zeilenweise in der Textdatei `adressen.txt` abgelegt werden, so daß Modifikationen mit `vi` möglich sind. In jeder Zeile soll der Name, Vorname, Strasse, Postleitzahl, Ort und Telefonnummer stehen. Die Trennung dieser Angaben erfolgt durch Leerzeichen. Dieses Shell-Skript soll über die folgenden Basisoperationen verfügen:

- Eingeben
  Der Benutzer soll hier nacheinander Namen, Vornamen, Strasse, Postleitzahl, Ort und Adresse eingeben. Das Einlesen soll mit `read`-Anweisungen ausgeführt werden. Nach der Eingabe soll eine Zeile an die Adreßdatei `adressen.txt` angehängt werden.

- Suchen
  Der Benutzer soll ein Stichwort eingeben, nach dem die Adreßdatei zeilenweise durchsucht wird. Diese Suchoperation wird über das Kommando **grep** organisiert.

- Sortieren
  Durch den Aufruf des Kommandos **sort** soll die Adreßdatei sortiert auf dem Bildschirm ausgegeben werden.

- Drucken
  Bei Bedarf soll die Adreßdatei über das Kommando **lp** an den Drucker gesendet werden.

- Ändern
  Um Datensätze zu ändern, soll der Editor **vi** aufgerufen werden.

Folgendes Shell-Skript integriert diese Werkzeuge:

```
CLEAR='tput clear' # Sequenz zum Bildschirm loeschen
echo $CLEAR

auswahl='';
abbruch=6;
datei=adressen.txt # Die Adress-Datenbank

hauptmenu()
{
    echo $CLEAR
    banner "Adressen"

    if [ -s $datei ]
    then
            echo " Ihre Adressdatei " 'pwd'"/"$datei \
                " enthaelt" 'wc -l <$datei' " Saetze !"
    else
            echo " Ihre Adressdatei ist leer !"
    fi

    echo " Bitte waehlen Sie eine Funktion aus :\n"
    echo "        1. Adresse eingeben"
    echo "        2. Adresse suchen"
```

```
      echo "              3. Adressen sortiert ausgeben"
      echo "              4. Adressen sortiert drucken"
      echo "              5. Adressen editieren"
      echo "              6. Ende"
      echo "\n Treffen Sie Ihre Wahl : \c"
}


adressen_eingeben()
{
      echo $CLEAR
      echo "Neue Adresse :\n\n"
      echo "Name         : \c"; read name
      echo "Vorname      : \c"; read vorname
      echo "Strasse      : \c"; read strasse
      echo "Postleitzahl : \c"; read plz
      echo "Ort          : \c"; read ort
      echo "Telefon      : \c"; read telefon

      echo $name $vorname $strasse $plz $ort $telefon >> $datei

}


adressen_suchen()
{
      echo $CLEAR
      echo "Bitte geben Sie den Suchbegriff ein : \c"
      read begriff
      echo "Suche nach " $begriff
      grep $begriff $datei | more
      echo "Suche beendet "
      echo "Weiter mit RETURN ..."
      read dummy
}

adressen_sortieren()
{
      echo $CLEAR
      sort $datei | more
      echo "Weiter mit RETURN ... \c"
      read dummy
}

adressen_drucken()
```

```
{
    echo $CLEAR
    sort $datei | lp
    echo "Druckauftrag abgesendet !"
    echo "Weiter mit RETURN ... \c"
    read dummy
}

adressen_editieren()
{
    echo $CLEAR
    vi $datei
}

while   [ "$auswahl" != $abbruch  ]
do
    hauptmenu;
    read  auswahl ;
    case $auswahl in
        1)  adressen_eingeben;;
        2)  adressen_suchen;;
        3)  adressen_sortieren;;
        4)  adressen_drucken;;
        5)  adressen_editieren;
    esac
done

echo $CLEAR
banner "Ciao"
```

Bei Aufruf dieses Programms innerhalb der Shell mit bereits eingegebenen Datensätzen wird folgende Eingabemaske erzeugt:

```
    #
   # #     #####    #####    ######    ####     ####    ######   #      #
  #   #    #    #   #    #   #          #       #       #            ##  #
 #     #   #    #   #    #   #####    ####     ####     #####    # #   #
#######   #    #   #####   #               #          #  #            #   # #
#     #   #    #   #   #   #              #     #   #    #   #         #   ##
#      #   #####   #    #   ######    ####     ####     ######   #      #
```

Ihre Adressdatei /usr/frank/adressen.txt enthaelt 5 Saetze !
Bitte waehlen Sie eine Funktion aus :

```
        1. Adresse eingeben
        2. Adresse suchen
        3. Adressen sortiert ausgeben
        4. Adressen sortiert drucken
        5. Adressen editieren
        6. Ende
```

Treffen Sie Ihre Wahl :

Für awk soll ein Program erstellt werden, welches aus der Datei
/etc/passwd den Benutzernamen und das Heimatverzeichnis ausgibt. Diese Informationen stehen in dem 1. und 6. Feld der Datei /etc/passwd. Dabei sollte darauf geachtet werden, daß die Datei
/etc/passwd als Feldtrenner einen Doppelpunkt ":" verwendet. Am
Anfang des awk-Programms muß also noch das Feldtrennzeichen mit
der Variablen FS eingestellt werden.

```
BEGIN {
    system(clear);
    printf("Folgende Benutzer sind am System eingetragen :\n");
    printf("           Benutzer\t\t    Heimatverzeichnis\n");

    FS=":"
}

{
        printf("%17s\t%30s\n" , $1 , $6 );
}
```

Wenn dieses **awk**-Programm unter dem Namen **benutzer** abgelegt wird, kann es wie folgt aufgerufen werden:

$ awk -f benutzer /etc/passwd

```
Folgende Benutzer sind am System eingetragen :
          Benutzer                Heimatverzeichnis
              root                      /
            daemon                      /
               bin                 /usr/bin
               sys                      /
               adm                 /var/adm
              uucp              /usr/lib/uucp
                lp                 /home/lp
             nuucp          /var/spool/uucppublic
            listen             /usr/net/nls
              sync                      /
           install             /home/install
            sysadm               /usr/admin
             vmsys               /home/vmsys
             oasys               /home/oasys
            nobody              /nonexistent
               jan                /home/jan
             frank              /home/frank
```

Ein weiteres **awk**-Programm soll in einer Schleife für einen x-Wert die entsprechende Quadratwurzel, den natürlichen Logarithmus und den Wert der Exponentialfunktion berechnen. Da dieses Programm keine Eingabedatei auslesen soll, besteht es lediglich aus einem Vorlaufsatz; nach Beendigung des Vorlaufsatzes wird es über die Anweisung **exit** beendet.

```
BEGIN  {
       system(clear);
       printf "Beispielprogram awk\n"
       printf "    x   Wurzel    Logarithmus    Exp.Funktion\n"
       for ( i = 1 ; i < 10 ; ++i )
            printf ("%5d %7.2f   %e   %g\n" , i ,
                         sqrt(i) , log(i) , exp(i) );

       exit ;
       }
```

Wenn dieses awk-Programm unter dem Namen zahlen abgelegt wird, kann es wie folgt aufgerufen werden:

```
$ awk -f zahlen
```

```
Beispielprogramm awk
    x  Wurzel     Logarithmus      Exp.Funktion
    1    1.00     0.000000e+00     2.71828
    2    1.41     6.931472e-01     7.38906
    3    1.73     1.098612e+00     20.0855
    4    2.00     1.386294e+00     54.5982
    5    2.24     1.609438e+00     148.413
    6    2.45     1.791759e+00     403.429
    7    2.64     1.945910e+00     1096.63
    8    2.83     2.079442e+00     2980.96
    9    3.00     2.197224e+00     8103.08
```

Bei der printf-Anweisung sollte die unterschiedliche Formatierung der Gleitkommazahlen beachtet werden! Die Formatierungsanweisung %5d gibt den x-Wert als fünfstellige, ganze Zahl aus. Ist die Zahl kürzer als fünf Stellen, wird sie rechtsbündig dargestellt. Die Formatierungsanweisung %7.2f formatiert eine Gleitkommazahl mit einer Länge von 7 Stellen, wovon 2 Stellen für den Nachkommateil verwendet werden. Die Anweisung %e liefert den Funktionswert in wissenschaftlicher Notation bzw. Exponentialnotation. Bei Formatierung mit %g entscheidet die Ausgaberoutine selber, welche Formatierung (%e oder %f) angewendet wird. Es wird jeweils die kürzeste Ausgabeform gewählt.[6]

---

[6]Vgl. [Kernighan, Ritchie] S. 148, Tab. 7-1.

Kapitel 4

Einordnung von UNIX

4.1 Die Geschichte von UNIX

Ende der 60er Jahre waren Batch-Computersysteme im Closed-Shop-Betrieb vorherrschend. In den USA wurde im MULTICS-Projekt ein Betriebssystem entwickelt, das Möglichkeiten zur interaktiven Benutzung anbot. Es gilt als Urvater vieler interaktiver Systeme. 1969 entwickelten Ken Thompson und Dennis Ritchie in den Bell Laboratories von AT&T eine erste, in Assembler geschriebene Version von UNIX, die auf einer PDP-7 der Firma Digital implemetiert wurde. 1970 wurde der UNIX-Kern von Thompson und Ritchie auf eine PDP-11/20 portiert, 1972 wurde der UNIX-Kern in C umgeschrieben. Die Programmiersprache C als Grundlage bietet eine höhere Maschinenunabhängigkeit und damit eine höhere Portabilität. Die Entwicklung von UNIX wurde zu ca. 90–95% in C und zu 5–10% in Assembler vorgenommen. UNIX ist damit untrennbar mit der Programmiersprache C verbunden. UNIX wurde zunächst nicht kommerziell vermarktet. Es bestand seitens AT&T kein Auftrag zur Entwicklung eines solchen Systems, und es wurde kein Marketing betrieben. UNIX verbreitete sich aus eigener Kraft vor allem über die Universitäten, wo es sich den Ruf eines flexiblen Betriebssystems für die Grundlage wissenschaftlicher Forschung und Lehre erwarb. Die Universitäten, die eine Quellcode-Lizenz des UNIX-Betriebssystems erhielten, arbeiteten jedoch auch an dessen Weiterentwicklung. So entwickelten sich UNIX-Dialekte wie das BSD-UNIX (Berkeley System Distribution der University of California at Berkeley). 1978 wurde die Version 7 von UNIX I veröffentlicht. Sie gilt als der Urvater vieler UNIX-Versionen und wurde von AT&T als Basis für Portierungen angeboten. Die weitere Geschichte von UNIX ist durch verschiedene Entwicklungslinien gekennzeichnet, deren Zusammenhang in der Abbildung 4.1 dargestellt ist.

- **Die AT&T-Linie**

  Zu Beginn der 80er Jahre entschloß sich AT&T zur kommerziellen Vermarktung von UNIX. 1982 wurde UNIX III freigegeben. 1983 folgte UNIX V Version 0. Die Version UNIX V wurde erstmals vollständig kommerziell vermarktet, d.h. Schulung, Support, Wartung etc. wurden vertraglich garantiert und verkauft. 1986 wurde UNIX V Version 3 veröffentlicht. Diese Version wurde schriftlich definiert in der "SVID — System V Interface Definition". Diese Version ist heute einer der Standards für UNIX.

- **Die Berkeley-Linie**

  Diese Linie ist bekannt unter den Kürzeln "UCB — University of California at Berkeley" oder "BSD — Berkeley System Distribution". Die BSD-Version war in vielen Punkten technisch verbessert. So ersetzte die virtuelle Speichertechnik das Swapping. Die Kommunikation mit anderen Systemen wurde durch die Definition von Sockets und das TCP/IP-Protokoll vereinheitlicht, die Verwaltung einer großen Terminalvielfalt wurde durch das Termcap-Verfahren erleichtert, der Editor vi wurde zum Standard-UNIX-Editor, und die Magnetplattenverwaltung wurde durch das Fast File System optimiert. Wegen der Unterstützung dieser Entwicklungsarbeiten durch das Verteidigungsministerium der USA hatten diese Erweiterungen eine große Relevanz. Die BSD-Linie ist aus UNIX I Version 7 hervorgegangen. 1983 wurde BSD 4.2 veröffentlicht, 1987 dann BSD 4.3. Die Berkeley Enhancements sind heute ein fester Standard für fortschrittliche UNIX-Systeme.

- **Die Carnegie-Mellon Entwicklungen**

  Durch die sprunghafte Entwicklung der Hardware und der Systemanforderungen bedingt mußte auch der Systemkern weiter entwickelt werden. Mehrprozessortechnik, Remote Procedure Calls zum Starten von Programmen auf entfernten Rechnern und eine bessere Speicherverwaltung wurden als MACH-Kernel Bestandteil neuer erweiterter UNIX-Standardsysteme.

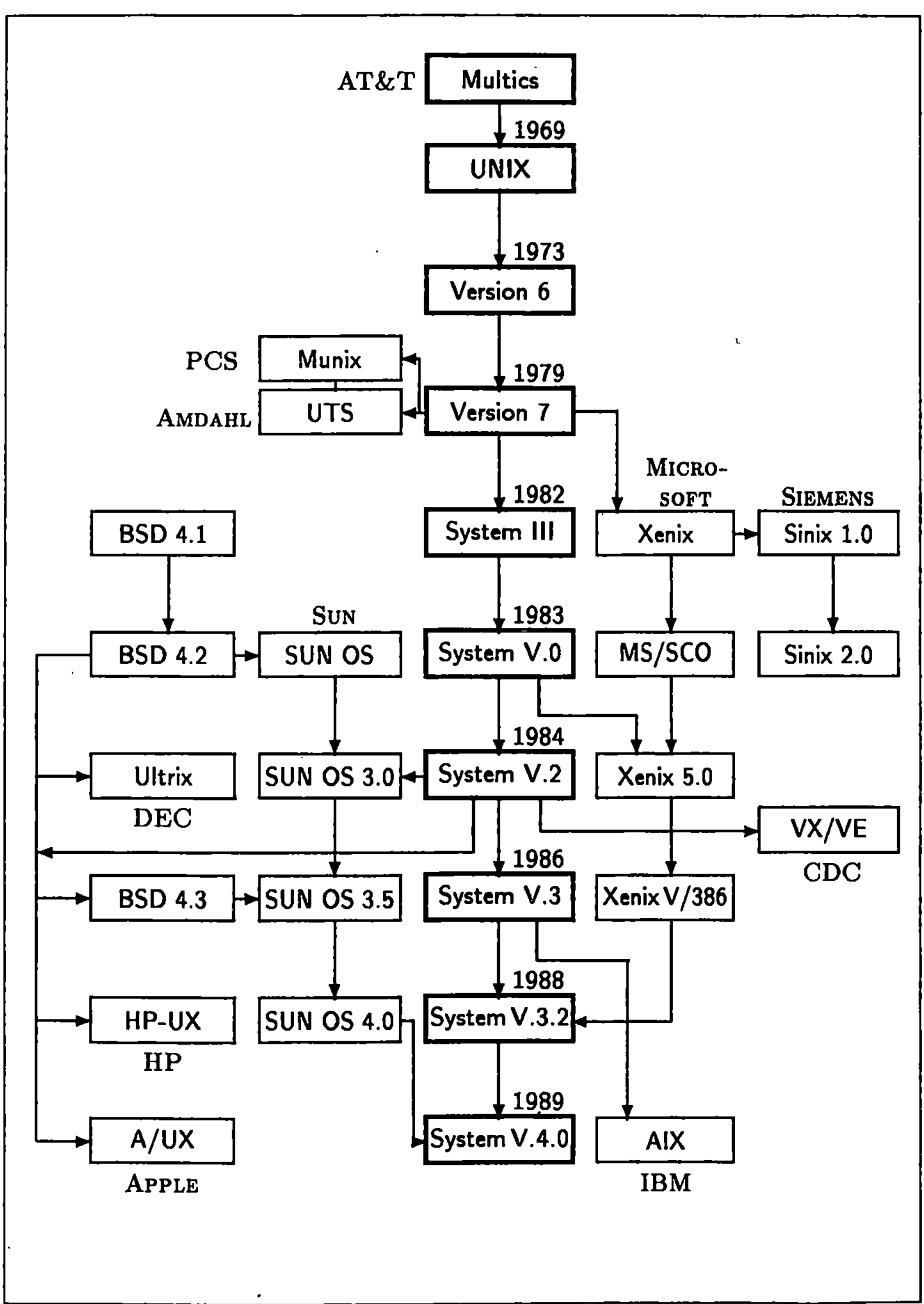

Abbildung 4.1: UNIX Stammbaum

Der Erfolg von UNIX in den letzten Jahren kann damit belegt werden, daß jeder bedeutende Rechnerhersteller das Betriebssystem UNIX für seine Rechnerfamilien anbietet. Ein zentraler Vorteil von UNIX gegenüber herstellereigenen Betriebssystemen besteht deshalb darin, daß UNIX für viele Hardwareplattformen existiert. Die bekanntesten UNIX-Derivate mit ihren Herstellern sind in nachstehender Tabelle 4.1 aufgezählt. Eine umfassendere Darstellung der Evolution des UNIX-Marktes findet der tiefer Interessierte in [Dumphy], S. 20–43.

Hersteller	Prozessor	UNIX-Derivat
DEC	VAX und RISC	ULTRIX
IBM	RISC 6000	AIX 6000
	PS/2	AIX 2
	/370	IX/370 und AIX
HP	HP 9000	HP-UX
Siemens	M3000	SINIX
SUN	SPARC	SUN-OS
Amdahl	/370-Architektur	VM/UTS
Microsoft	386/486	MS-XENIX / MS-UNIX
SCO	386/486	SCO-UNIX
Generics	386/486	Generics UNIX

Tabelle 4.1: Bekannte UNIX-Derivate und ihre Hersteller

4.2 Normierungen in UNIX

Die Vielzahl der Entwicklungslinien und Derivate drohte allerdings den zentralen Vorteil des einheitlichen Betriebssystems wieder obsolet werden zu lassen. Daher haben sich etliche Normierungsgremien mit UNIX beschäftigt und eine Reihe von Standards gesetzt, die heute von vielen Herstellern eingehalten werden. Die Standardisierungen der einzelnen Gremien sind natürlich nicht frei von geschäftspolitischen Interessen der mitarbeitenden Hersteller, bieten in ihrer Summe aber eine gute Gewähr für eine relativ einheitliche Entwicklung der UNIX-Systeme.

Die wichtigsten Normierungsgremien und deren Normungsvorgaben sollen im folgenden aufgezählt werden.

- **IEEE**
  Die internationale Vereinigung der Elektronik-Ingenieure hat mit

POSIX, dem Portable Operating System for Computer Environments, ein auf UNIX basierendes Standard-Betriebssystem sowie die notwendige Umgebung normiert, welche es erlauben, Applikationen auf Quellcodeebene von einem System zum anderen zu portieren. Heute ist die Version P1003.1 gültig.

- AT&T und UNIX International Inc. (UI)

  Der Inhaber der Rechte an UNIX hat mit SVID, der System V Interface Definition, die Beschreibung des Systems veröffentlicht. Eigene UNIX-Systeme können von AT&T offiziell als SVID-kompatibel validiert werden. Die Entwicklung dieses Standards wird auch von UNIX International Inc., einer 1988 gegründeten Vereinigung von großen Computerfirmen wie SCO, Unisys und Sun, gelenkt.

- X/Open Group
  Die X/Open-Group ist ein Non-Profit-Konsortium, das 1984 offiziell gegründet wurde, aber de facto erst 1987 zum Leben erwachte. Sein Ziel ist die Übernahme bestehender Industriestandards als Teil einer umfassenden und allgemeinen Anwendungsumgebung. Mitglieder sind alle bedeutenden EDV-Hersteller wie AT&T, IBM, DEC, HP, die europäische BISON-Gruppe (Bull, ICL, Siemens, Olivetti, Nixdorf) und andere. Die Empfehlungen der X/Open-Group sind im X/Open Portability Guide XPG festgelegt. Heute ist Rel. 3 gültig. Die XPG3-Empfehlungen setzen sich aus einem BASE-Profil und einem PLUS-Profil zusammen.

  - BASE-Profil:
    * Systemaufrufe und Bibliotheken
    * Befehle und Dienstprogramme
    * Programmiersprache C
  - PLUS-Profil:
    * Programmiersprachen COBOL, FORTRAN und Pascal
    * ISAM und SQL
    * Terminalschnittstellen
    * Window-Management
    * Transportschnittstellen
    * PC-Vernetzung
    * National Language Support

- OSF — Open Software Foundation
  OSF ist eine 1988 gegründete Non-Profit Forschungs- und Entwikklungsorganisation, die herstellerneutral hardwareunabhängige Implementationen fördern will. Ihre Empfehlungen beruhen auf anerkannten relevanten Industriestandards. Durch enge Zusammenarbeit mit Universitäten soll technische Innovation gefördert werden. Zur Zeit gibt es folgende OSF-Empfehlungen:

  - AES: Application Environment Specification
  - Motif: graphische Benutzer- und Terminalschnittstelle
  - OSF/1: Systemkern
  - OSF/2: Systemkern
  - DCE: Distributed Computing Environment
  - DME: Distributed Management Environment
  - ANDF: Architecture Neutral Distribution Format

Die momentan wichtigste und bei Investitionen am meisten beachtete Empfehlung ist OSF/1. OSF/1 beschreibt einen Systemkern basierend auf dem MACH-Kernel und auf POSIX-Elementen. Es vereinigt System V- und BSD-Kommandos und Bibliotheken, definiert ein Logisches-Laufwerk-Management, gespiegelte Magnetplatten und C Language Tools. Die Fähigkeiten für die Sicherheitsstufe B1 sind vorhanden.

Literaturverzeichnis

[Abrahams, Larson] Abrahams P., B. Larson, Unix for the Impatient, Addison Wesley 1992

[Aho et. al.] Aho A., B. Kernighan, P. Weinberger, The AWK Programming Language, Addison-Wesley 1988

[Anderson, Anderson] Anderson G., P. Anderson, The Unix C-Shell Field Guide, 1986

[Anderson et. al.] Anderson B., B. Costales, H. Henderson, The Waite Group's Unix Communications, Sams 1991

[Dumphy] Dumphy, E., Unternehmen UNIX, Technologie, Märkte und Perspektiven offener Systeme, Springer 1992

[Garfinkel, Spafford] Garfinkel S., G. Spafford, Practical Unix Security, O'Reilly 1991

[Grob, Reepmeyer 1] Grob H. L., J.-A. Reepmeyer, Einführung in die EDV, Vahlen 1990, 3. Auflage

[Grob, Reepmeyer 2] Grob H. L., J.-A. Reepmeyer, Einführung in DOS, Münster 1992

[Hansen] Hansen H. R., Wirtschaftsinformatik, 6. Auflage

[Kernighan, Ritchie] Kernighan B., D. Ritchie, The C Programming Language, Prentice Hall 1988, 2nd Edition

[Lamb] Lamb L., Learning the vi Editor, O'Reilly 1990

[Quercia, O'Reilly] Quercia V., T. O'Reilly, X Window Users' Guide, O'Reilly 1990

[Santifaller] Santifaller N., TCP/IP und NFS in Theorie und Praxis,
    Addison Wesley 1991

Glossar

Abmeldung

Vorgang des Abmeldens vom UNIX-Betriebssystem. Der Benutzer beendet den Zugriff auf das UNIX-Betriebssystem.

absolute Angabe

Art der Spezifikation von Zugriffsrechten als Oktalzahl.

aktuelles Verzeichnis

Verzeichnis, in dem gerade gearbeitet wird. Die meisten dateiorientierten Befehle beziehen sich auf das aktuelle Verzeichnis.

Anmeldung

Vorgang des Anmeldens am UNIX-Betriebssystem. Erst durch die erfolgreiche Anmeldung erhält ein Benutzer Zugriff auf das UNIX-Betriebssystem

Archiv

Art der Verwaltung von Datensicherungen, bei der innerhalb eines Archivs die zu sichernden Dateien abgelegt und verwaltet werden.

Argument

Spezifikation von Objekten, mit denen Kommandos Operationen durchführen sollen. Argumente werden beim Aufruf von Kommandos angegeben.

Assembler

Maschinenorientierte Programmiersprache, die eine enge Bindung zu dem jeweiligen Computertyp aufweist.

ausführbare Datei

Datei, die als Programm ausgeführt werden kann.

bedingte Anweisungen

Element der Ablaufkontrolle in Programmen. Vor Ausführung einer bedingten Anweisung wird eine Bedingung geprüft. Ist die Bedingung wahr, wird die bedingte Anweisung ausgeführt; andernfalls wird zur nächsten Anweisung hinter der bedingten Anweisung verzweigt.

Befehlspuffer

Schlange, in die Befehle des Benutzers eingestellt werden und aus der später die Befehle zur Bearbeitung wieder gelesen werden.

benannte Pipe

Dauerhafte Pipe mit Namen, die im Dateisystem angelegt wird.

Benutzerauftrag

Auftrag eines Benutzers an das Betriebssystem, eine Operation durchzuführen.

Benutzerklasse

Gruppierung von Benutzern anhand von spezifischen Merkmalen.

Benutzername

Name des Benutzers eines UNIX-Systems. Mit diesem Namen meldet man sich am System an.

Benutzerschnittstelle

Bezeichnung der Schnittstelle zwischen Mensch und Computer.

Betriebssystem

Programmsammlung, die den Zugriff der Anwendungsprogramme und der Benutzer auf die Hardwareressourcen koordiniert, steuert und durchführt.

Bildschirmendgerät

Komponente eines Rechnersystems, die der Benutzer zur Kommunikation verwendet. Ein Bildschirmendgerät setzt sich meist aus einer Tastatur zur Eingabe und einem Monitor zur Ausgabe zusammen.

Es kann auch durch einen anderen Rechner, z.B. einen PC, simuliert werden.

Block

Organisationseinheit des UNIX-Dateisystems, die in Abhängigkeit des zugrundeliegenden Datenträgers vereinbart wird. Typische Blockgrößen sind 512 Byte oder 1024 Byte.

boolescher Ausdruck

Ausdruck, der bei der Auswertung einen Wahrheitswert (wahr) oder einen Unwahrheitswert (falsch) liefert.

Byte

Informationseinheit, die das kleinste Element einer Datei bezeichnet. Ein Byte enthält 8 Bit.

C

Höhere Programmiersprache, die für die Entwicklung von Betriebssystemen und systemnahen Programmen entwickelt wurde.

C-Shell

Ein erweiterter Kommandoprozessor des UNIX-Systems, der Elemente der Programmiersprache C verarbeiten kann und besonders von C-Programmierern genutzt wird.

CPU

Engl. Central Processing Unit, zentrale Verarbeitungseinheit eines Rechnersystems. Die CPU liest die entsprechenden Programmanweisungen aus dem Hauptspeicher und führt die entsprechenden Aktionen durch.

Compiler

Programm zum Übersetzen eines Programms einer höheren Programmiersprache (z.B. C) in einen von der CPU direkt ausführbaren Maschinencode.

Cursor

Schreibmarke auf dem Bildschirm, an deren Stelle Ein- und Ausgaben erfolgen.

Datei

Menge von zusammengehörenden Zeichen, die in einem Dateisystem verwaltet wird.

Dateiart

Eigenschaft einer Datei im UNIX-Dateisystem. Es gibt reguläre Dateien, Gerätedateien, Verzeichnisse, Verweise und benannte Pipes.

Dateiname

Name einer Datei, der bestimmten Konventionen unterliegt.

Dateisystem

Hierarchische Struktur im UNIX-Betriebssystem, in der Dateien organisiert sind.

Datenträger

Medium zur dauerhaften Speicherung von Daten (Magnetplatte, Diskette, Magnetband, ...).

Delta

Änderungsdatei des Kommandos `diff`.

DOS

<u>D</u>isk <u>O</u>perating <u>S</u>ystem; Single-User- bzw. Single-Tasking-Betriebssystem auf der Basis von PCs mit Intel-CPU.

Druckername

Name eines Druckers in UNIX.

Druckerspooler

Systemprogramm, das die Steuerung und Ausführung von Druckaufträgen übernimmt.

Editor

Programm zum Erstellen und Modifizieren von Texten.

Eingabeaufforderung

Aufforderung des Betriebssystems an den Anwender, Befehle einzugeben.

Eingabemodus

Zustand eines Programms, z.B. beim Bildschirmeditor vi, in dem Daten eingegeben werden können.

Emacs

Weitverbreiteter Texteditor für UNIX-Systeme.

Fenster

rechteckige Bereiche auf dem Bildschirm, in denen Ein- und Ausgaben von Programmen vorgenommen werden.

Fenstertechnik

Verwendung von Fenstern zur Informationsdarstellung.

Fernsysteme

Systeme, die mit dem lokalen System über Kommunikationsleitungen verbunden sind.

Filter

Programm, das Eingaben über die Standardeingabe liest, weiterverarbeitet und dann auf der Standardausgabe ausgibt.

FTP

File Transfer Protocol — ein Dateiübertragungsprotokoll auf der Basis von TCP/IP.

Funktion

Vereinbarung einer Anweisungsfolge, die über einen entsprechenden Funktionsnamen aufgerufen werden kann.

Gerätedatei

Datei, unter deren Namen ein physikalisches Gerät angesprochen wird, z.B. der Drucker unter `/dev/lp`.

graphische Benutzeroberfläche

Interaktive Mensch-Maschine-Schnittstelle, die sich durch benutzerfreundliche Ein/Ausgabe-Elemente, z.B. Fenster, auszeichnet.

Hardware

physische Ressourcen bzw. Menge der Bauteile, aus denen sich Rechnersysteme zusammensetzen.

Hauptspeicher

Speicher zum Abarbeiten von Programmen.

Hintergrund

möglicher Modus der Programmausführung. Ein Programm, das im Hintergrund ausgeführt wird, empfängt keine interaktiven Eingaben des Benutzers. Es nutzt die Multi-Tasking-Fähigkeiten des UNIX-Betriebssystems aus.

I-Node, Informationsknoten

steht für engl. "Information-Node"; Informationsknoten enthalten Informationen über Dateien, wie z.B. Länge, Verweise, Zeit der Erzeugung, etc.

interaktiv

Art der Benutzerschnittstelle bzw. Programmbedienung. Interaktive Schnittstellen zeichnen sich dadurch aus, daß der Benutzer direkt nach Eingabe von Befehlen eine Reaktion des Betriebssystems bzw. der Anwendungssoftware erhält.

Kommando

Sequenz von Worten bestimmter Syntax, die einen Benutzerauftrag an ein Programmsystem spezifizieren.

Kommandomodus

Zustand eines Programms, z.B. beim Bildschirmeditor vi, in dem Kommandos eingegeben werden können.

Kommandoname

Die Bezeichnung für ein Kommando im Betriebssystem. Unter diesem Namen werden Kommandos im Betriebssystem aufgerufen bzw. abgelegt.

Kommandoprozessor

Systemprogramm, welches Eingaben von dem Benutzer akzeptiert und diese in geeigneter Form an das Betriebssystem weiterleitet.

Kommandosubstitution

Eigenschaft des UNIX-Kommandoprozessors, Kommandos durch ihre Ausgaben zu substituieren.

Kommandozeile

Zeile, die Kommandos und Argumente enthält und unter der Standard-Shell oder der C-Shell eingegeben wird. Eine Kommandozeile wird jeweils durch RETURN abgeschlossen.

Kontrollstrukturen

Elemente höherer Programmiersprachen, um die Folge der Anweisungsausführung zu beeinflussen.

Link

Siehe Verweis.

Maskierung

Aufhebung der besonderen Bedeutung eines Meta-Zeichens und Verwenden des "eigentlichen" Zeichens.

Maus

Eingabeinstrument, mit dem der Benutzer jeden beliebigen Punkt des Bildschirms ansteuern kann.

Mehrfachverzweigungen

Kontrollstruktur höherer Programmiersprachen, um mehreren Programmzuständen mehrere Aktionen zuweisen zu können.

Meta-Zeichen

Zeichen, das bei der Formulierung von regulären Ausdrücken eine besondere Bedeutung trägt. Wenn es maskiert wird, wird es seiner besonderen Bedeutung beraubt.

Multi-Tasking

Fähigkeit eines Betriebssystems, mehrere Programme quasi-parallel abzuarbeiten.

Multi-User-Betriebssystem

Betriebssystem, das mehrere Benutzer gleichzeitig bedienen kann.

Muster

Logische Ausdrücke in awk, die durch logische Operatoren, z.B. UND/ODER, verknüpft werden können.

Name-Server

Ein Rechner, dem im Verbund mit anderen Rechnern die Aufgabe
zukommt, Rechnernamen und andere Informationen zentral zu verwalten.

Operator

Sprachanweisung, die Operationen mit den ihr assoziierten Operanden durchführt.

Option

Bestandteile von Kommandos, die das Verhalten eines Kommandos
modifizieren. Wenn keine Optionen angegeben werden, verhält sich
das Kommando in einer vordefinierten Weise.

Paging

Dynamisches, für den Anwender transparentes Ein- und Auslagern
von Teilen des Hauptspeichers auf Magnetplatte durch das Betriebssystem.

PC

Personal Computer, Bezeichnung von Rechnersystemen, bei denen
jedem Benutzer ein eigener Prozessor und ein eigener Hauptspeicher
exklusiv zugeordnet ist.

Pfadname

Name einer Datei, der ausdrücklich deren Lage im Verzeichnissystem
angibt und dabei den Weg von der Wurzel Systems bis zur Datei
beschreibt. Pfadnamen können Verzeichnisnamen, Dateinamen und
die Symbole "/", "." und ".." enthalten.

Pipe, Pipeline

Möglichkeit einer Shell, die Ausgabe eines Kommandos direkt einem anderen Kommando als Eingabe zu übergeben. Das Pipeline-
Symbol ist der senkrechte Strich |.

Profildatei

Datei im Stammverzeichnis des Benutzers, die Kommandos enthält.
Bei Start einer Shell werden die Kommandos aus der Profildatei
ausgelesen und ausgeführt.

Programm

Folge von durch den Rechner ausführbaren Anweisungen.

Programmiersprache

Menge von Sprachelementen, mit der unter einer geeigneten Entwicklungsumgebung Programme entworfen werden.

Prompt

Eingabeaufforderung eines Programms, meist des Kommandoprozessors.

Prozeß

Programm, das momentan im Speicher des Rechners ausgeführt wird.

Qualifizierung

Bestimmung von Dateinamen unter Angabe aller Zusatzinformationen.

reale Speicherverwaltung

Speicherverwaltungstechnik, bei der ein auszuführendes Programm komplett in den physischen Hauptspeicher geladen werden muß. Diese Technik ist typisch für Single-User bzw. Single-Tasking-Betriebssysteme.

Rechnername

Bezeichnung für einen UNIX-Rechner. Im Verbund mit anderen Systemen findet die Adressierung eines UNIX-Rechners über den Rechnernamen statt.

regulärer Ausdruck

Ausdruck zur Beschreibung von Zeichenmengen.

reguläre Datei

Datei zur Speicherung von anwendungsorientierten Daten, z.B. Texten und Programmen.

root

Hauptverzeichnis des UNIX-Dateisystems. Das Hauptverzeichnis wird durch das Zeichen / bezeichnet.

Schleife

Konstrollstruktur von höheren Programmiersprachen, um Anweisungen wiederholt auszuführen.

Schreibmarke

Position auf dem Bildschirm, an der Benutzereingaben erfolgen oder Ausgaben vom Betriebssystem erscheinen.

Shell

Teil des Betriebssystems, der zu Bearbeitung der Benutzereingaben dient, vgl. auch Kommandoprozessor.

Shell-Skript

Datei, die ausführbare Shell-Kommandos enthält.

Signal

Interprozeß-Kommunikationseinrichtung im UNIX-Betriebssystem.

Single-Tasking-Betriebssystem

Betriebssystem, das gleichzeitig jeweils nur ein Programm in den Hauptspeicher laden und ausführen kann.

Single-User-Betriebssystem

Betriebssystem, das keine verschiedenen Benutzer und Berechtigungen kennt.

Smalltalk

Objektorientierte Programmiersprache, die von der Firma XEROX entwickelt wurde.

Sortierschlüssel

Definition der Felder in den Eingabedaten von **sort**, nach deren Maßgabe sortiert wird.

Stammverzeichnis

Verzeichnis, das nach dem Anmeldevorgang eines Benutzers das aktuelle Verzeichnis ist.

Standardausgabe

Ort der Ausgabe, auf den die Programme i.d.R. ihre Ausgabe schreiben. Normalerweise ist die Standardausgabe mit dem Terminal verknüpft, d.h. die Ausgaben von Programmen erscheinen per Voreinstellung auf dem Bildschirm. Die Umleitung dieser Standardausgabe auf Dateien erfolgt mit dem Umleitungsoperator `> Datei`.

Standardeingabe

Ort der Eingabe, von denen die Programme i.d.R. ihre Eingabe lesen. Normalerweise ist die Standardeingabe mit dem Terminal verknüpft, d.h. die Eingaben von Programmen erfolgt per Voreinstellung über die Tastatur. Die Umleitung dieser Standardeingabe als Eingabe von Dateien erfolgt mit dem Umleitungsoperator `< Datei`.

Standard-Shell

Der voreingestellte Kommandoprozessor des UNIX-Systems, auch Bourne-Shell genannt.

symbolische Angabe

Spezifikation von Dateizugriffsrechten durch Kürzel.

Systemmeldung

Optische oder akustische Ausgabe des Betriebssystems an den Benutzer.

Task

Benutzerauftrag im UNIX-Betriebssystem.

TCP/IP

Transmission Control Protocol / Internet Protocol. Kommunikationsprotokoll, das eine hohe Heterogenität der kommunizierenden Rechnersysteme zuläßt.

Terminal

Gerät mit Bildschirm als Ausgabegerät und Tastatur als Eingabegerät.

Terminalbezeichnung

Der Name einer Terminal-Gerätedatei im UNIX-Betriebssystem.

Terminalemulation

Software, die auf einem Computer die Eigenschaften bestimmter Terminals nachahmt.

Tochterprozeß

Prozeß, der von einem anderen Prozeß ("Vaterprozeß") gestartet worden ist.

Transparenz

Eigenschaft von Betriebssystemen bzw. Betriebssystemzusätzen, sich für die Anwendungen und den Anwender möglichst unauffällig zu verhalten.

Typnamen

Bezeichnung von Druckertypen im UNIX-System.

Umgebungsvariable

Bezeichnung eines Speicherbereichs, an dem Programme Daten ablegen und lesen können.

Unterverzeichnis

Verzeichnis, das sich in der Hierarchie der Verzeichnisse unterhalb eines anderen Verzeichnisses befindet.

Variable

Symbol, unter dem Daten abgelegt sind. Das Format dieser Daten kann verschieden sein, z.B. Zahlen oder Zeichen.

Vaterprozeß

Prozeß, der einen anderen Prozeß ("Tochterprozeß") startet.

versteckte Datei

Datei, auf die man mit üblichen Verzeichnisoperationen nicht zugreifen kann.

Verweis

Methode, eine Datei an mehreren Stellen im Dateisystem gleichzeitig erscheinen zu lassen, obwohl sie physisch nur einmal vorhanden ist.

Verzeichnis

Dateityp, der zur Aufnahme von weiteren Dateien dient.

virtuelle Speicherverwaltung

Auslagerung von Programmen oder Programmteilen auf andere Speichermedien, wenn der real vorhandene Hauptspeicher zu klein ist. Im Gegensatz zur realen Speicherverwaltung darf daher bei virtueller Speicherverwaltung das auszuführende Programm größer als der physische Hauptspeicher sein.

Vordergrund

möglicher Modus der Programmausführung. Ein Programm, das im Vordergrund ausgeführt wird, empfängt die interaktiven Eingaben des Benutzers und liefert die entsprechenden Ausgaben auf dem Bildschirm.

X-Clients

X-Windows Programme, welche auf die Dienste des X-Display-Servers zurückgreifen.

X-Display-Server

Programm, welches Dienste für die X-Clients anbietet.

X-Terminals

Graphisches Terminal, das die Ausgaben des X-Display-Servers darstellen kann.

X-Windows

Graphische Benutzerschnittstelle für UNIX-Betriebssysteme.

Zugriffsrechte

Rechte, die einer Datei in bezug auf die Zugriffsmöglichkeiten des Eigentümers, der Gruppe und anderer Benutzer zugewiesen wurden.

Stichwortverzeichnis